そうしゃ◉ブックレット 19

住民自治が輝くとちぎに

持続可能な地域づくり 第四次県政白書

とちぎ地域・自治研究所［編］

はじめに――第四次県政白書の性格と構成

とちぎ地域・自治研究所は、これまで県知事選挙の行われた二〇〇四年に第一次、二〇〇八年に第二次、二〇一二年に第三次の県政白書をそれぞれ発刊してきましたが、これまでの経過を振り返りつつ、今回発刊する第四次県政白書の性格を明らかにします。

第一次～第三次県政白書

●二〇〇四年 第一次県政白書「福田県政の四年間」

小泉内閣による聖域なき構造改革の嵐の中で二〇〇四年一一月に行われた県知事選挙を前にとちぎ地域・自治研究所の初めての試みとして第一次県政白書を発刊しました。この知事選挙は、長年の自民党県政に対する県民の強い批判の中で四年前に劇的に誕生した旧今市市長の福田昭夫知事が公約を次ぎ次ぎと破り、県民の政治不信の中で争われたため、白書のテーマは福田昭夫県政への評価を中心にしつつ県政への提言を行いました。知事選挙は宇都宮市長だった自民党の福田富一氏が当選しました。

●二〇〇八年 第二次県政白書「県民が主人公、分権・自治・協働の県政へ」

中央段階では地方分権改革から平成の大合併、地方財政の三位一体改革と地方構造改革が強行されるなか、第一次福田富一県政の評価と県政への提言を行いました。

●二〇一二年 第三次県政白書「道州制で県民の暮らしはどうなる?」

中央段階では「コンクリートから人へ」を標榜して誕生した民主党政権が公約を裏切り、自民党政権と同一の内容を持つ「地域主権改革」を推進し、道州制が本格的に動き始めた中で、二〇一二年一二月に第二次安倍内閣が誕生しました。栃木県政では、財政再建団体への転落を回避するためとして二〇〇九年から始まった財政健全化計画「とちぎ県未来開拓プログラム」が進められていました。そのため、第三次県政白書は、道州制の狙いと財政健全化のなかでの福田富一県政の評価と県政への提言を行いました。

第四次県政白書の構成と内容

第二次安倍内閣が憲法改正（本丸は9条2項に国防軍の創設、集団的自衛権の法制化）、自衛隊の海外派兵、極端な新自由主義的政策のアベノミックスによる大企業優先、格差拡大をさらに推し進める強権的な中央集権政治を進めるなか、それに追随する県政を続けるのか、それともこれに対峙する新たな市民革命ともいえる県民の運動に依拠して憲法と地方自治法を活かし県民の平和と生活の安定、地域経済の再生を目指す県政に転換していくのかという大きな歴史の分岐点の中で迎える県知事選挙にあたり、県民の選択に資する県政白書の構成と内容としました。

第Ⅰ章の「総論」では、安倍政権の強権的な憲法改正、新自由主義的な格差社会をさらに進めるアベノミックスに対し、憲法と地方自治法を守り県民の平和と生活の安定、地域経済の再生を目指す県政の基本的な方向を明らかにすることを目的にしています。

そして、第Ⅱ章の「県政への提言」では、これらの基本的な方向を踏まえ、県内の現状を踏まえたあるべき産業政策、農業政策、高齢者介護、子育て支援、防災、脱ダム・公共事業、馬頭産廃処分場問題、指定廃棄物場問題、住民協働のまちづくりなど、今県政上で抱えている諸課題に対し提言します。

〔当研究所副理事長兼事務局長　佐々木　剛〕

第Ⅰ章

総論　憲法・地方自治を守り、住民自治による持続可能な地域づくりのために

憲法・地方自治の危機のなかの県政

1　今憲法が危ない

(1)　八月革命とは?

「八月革命」って何に?　というのが普通の反応だと思います。国民主権の原理に基づく日本国憲法（以下「現憲法」といいます）が、どうして形式上は天皇主権主義に基づく大日本帝国憲法（以下「明治憲法」といいます）の下でその改正の形をとって制定されたのか。それを説明するキーワードが八月革命なのです。

現憲法制定の淵源はポツダム宣言にあります。ポツダム宣言10項には「日本政府は、日本国国民の間に置ける民主主義的傾向の復活強化に対する一切の障礙を除去すべし。言論、宗教および思想の自由並びに基本的人権の尊重は、確立せらるべし。」とあります。連合国側が望んでいたのは、日本を滅ぼし、国民を奴隷化するといった野蛮なことではなく、日本が民主主義の国になることなのです。このポツダム宣言を日本政府が受諾することによって、天皇主権から国民主権に移行し（これを八月革命といいます）、主権者となった国民がその代表者によって現憲法を制定した、というのが八月革命説で、これが憲法学の通説となっています。

明治憲法の下で軍の専横を許し戦争に突き進んで行った反省から、現憲法は、国民主権主義、基本的人権の尊重に加え、国際協調による平和主義を三大原則としています。また、現憲法は、立憲主義、すなわち、基本的人権を保障するために、統治構造として三権分立を採用して政府の活動を縛るという考えにも基づいています。

ところで、現憲法の内容がマッカーサー草案に基づくものであることから、現憲法を押しつけ憲法だとして、憲法改正の理由とする向きがあります。しかし、健康で文化的な最低限度の生活を営む権利（25条）やひとしく教育を受ける権利といった、私たちが尊厳を持って生活していく上で極めて重要な権利が、マッカーサー草案にはなく、制定過程で加えられたものであることに照らせば、現憲法は押しつけられたものではなく、国民によって主体的に制定されたことが判ります。

(2) 集団的自衛権の容認と憲法の空洞化

現憲法、とりわけ国際協調主義によって安全を確保しようとする憲法9条は、常に、攻撃の対象とされ、その空洞化が押し進められてきました。その中にあっても、憲法9条の下では集団的自衛権は認められないとの原則は、一貫して守られてきました。固有の自衛権は否定されないとの論理の基に認められてきたわが国の安全保障法体系では、わが国自体が攻撃されてもいないのに武力の行使を認めることは背理だからです。集団的自衛権を認めるためには、憲法9条を改正するしかないのです。

しかし、安倍政権は、9条の改正は困難と見るや、憲法改正を経ないで、二〇一五年九月に成立させた安全保障関連二法によって、集団的自衛権を認めてしまいました。これは、特定秘密保護法の制定（二〇一四年一二月）と同様、憲法の空洞化を押し進めようとするものです。それればかりか安倍首相は、憲法改正は自民党の党是であるとして、自分が政権の座にある間の憲法改正を明言していました。しかも、以下に述べるとおり、基本的人権をより充実させる方向ではなく、明治憲法下での体制のように、国の権限を強化する方向でのものなのです。

(3) 自民党の憲法改正草案の問題点

以下には、自民党の憲法改正草案（平成二四年四月）の主要な問題点を挙げておきます。

ア 個人の尊厳の否定

現憲法13条の「すべて国民は、個人として尊重される。」が、「個人」としてではなく、「人」として尊重されるとなっています（案13条）。これは、人格を持った一人一人の個人を意味するものではなく、一つの生物種としての人でしかなく、現憲法がその価値の根元とする個人主義思想を否定するものです。

イ　人権思想の否定

現憲法13条の「生命、自由及び幸福追求に対する国民の権利については、公共の福祉に反しない限り……最大の尊重を必要」という文言が、「公益及び公の秩序に反しない限り」となって常に公益が優先されることになっていしまっています（案13条）。

結社の自由においても「公益及び公の秩序に反しない限り」という留保がついています（案21条）。

他方、居住、移転、職業選択の自由については無留保で保障されるものとなっています（案22条）。

ウ　立憲主義の否定

自由及び権利の行使には責任、義務が伴うことを自覚し、常に公益及び公の秩序に反してはならない（12条）として、基本的人権の共有に責任、義務が伴うことを規定しています。また、国民の憲法尊重義務も規定しています（102条1項）。これらは、憲法が、政府を縛るものだとする立憲主義を否定するものです。

エ　緊急事態条項の新設（98～99条）

国家緊急権とは、「戦争、内乱、恐慌ないし大規模な自然災害など、平時の統治機構をもってしては対処できない非常事態において、国家権力が、国家の存立を維持するために、立憲的な憲法秩序（人権の保障と権力分立）を一時停止して、非常措置を取る権限」をいいます。

現憲法では国家緊急権を認めていませんが、自民党の憲法改正草案では、98条及び99条に国家緊急権を創設する緊急事態条項を置いています。

そもそも、国家緊急権は立憲主義と相いれないものですが、この草案では、武力攻撃、内乱や大規模自然災害の外に「その他法律で定める緊急事態」の場合にも国家緊急権が認められることになる、つまり、憲法に明示されている場合だけでなく、法律が定めた場合にも、憲法の停止が認められてしまう点で大いに問題があります。

現憲法案の審議をした衆議院帝国憲法改正委員会で、金森徳次郎国務大臣は、その理由について、次の四点を挙げています。①民主主義を守るためには、国家緊急権による政府の一存の措置は極力これを防止しなければならない、②非常事態を口実に濫用されるおそれがある、③必要があれば、臨時国会の招集や参議院の緊急集会で対応できる、④平時から法令等の制定によって濫用されない形で完備しておくことができる。

緊急事態が起きたとしても、多くの場合は、現憲法が予定している臨時国会の招集（53条）、参議院の緊急集会（54条2項）、法律の範囲内での政令制定権（73条6項）で対処が可能ですし、さらには、これまでに整備されていた災害対策基本法、災害救助法、警察法、自衛隊法等既存の法律で対応が可能と言われています。

さらには、阪神淡路大震災や東日本大震災等の経験から、災害対策においては、権力集中よりも、現地の事情に精通した現場に権限を委ねることが肝要と言われています。地方自治に取っても、百害あって一利なしの国家緊急権の創設は、認めるべきではないのです。

知事は、住民福祉の見地から、国家緊急権の創設には反対すべきです。

オ　情緒的、道徳的規定の多用

以下のような情緒的、道徳的規定が新設されていますが、これらは、法律、しかも憲法という国の統治構造に関する根本法には相応しくはありません。

「日本国民は、国は郷土を誇りと気概を持って自ら守り、基本的人権を尊重するとともに、和を尊び、家族や社会全体が互いに助け合って国家を形成する。

我々は、自由と規律を重んじ、美しい国土と自然環境を守りつつ、教育や科学技術を振興し、活力ある経済活動を通じて国を成長させる。」（草案前文）

「家族は、社会の自然かつ基礎的な単位として、尊重される。家族は、互いに助けあわなければならない。」（案24条1項）

(4) 憲法を守るために

安倍内閣による改憲を阻止するためには、国会での改憲勢力を憲法改正発議のできる三分の二以上にさせないことが必要でしたが、二〇一六年七月の参議院選挙では、安倍内閣の争点隠しもあって、失敗してしまいました。安倍首相は、同年八月、憲法調査会による憲法改正論議を進めることを明言しました。今、本当に日本国憲法が危ないのです。

幸い、世論調査では、改憲賛成の意見が過半数を占めるまでには至っていません。また、安全保障関連2法制定の過程では、これを急ぐ自公政権に対して、慎重にとの意見が地方自治体にはありました。

地方自治は民主主義の学校と言われ、また、中央が非民主的なものに変革されても、地方自治が健全であれば、いずれ中央も民主的な状態に取り戻せることはイギリスの歴史が示しています。私たちは、私たちの暮らし、そしてそれを根本で支える現憲法の価値を守るためにも、地方自治を充実させていく必要があるのです。

そこで、以下では、日本の地方自治の歴史について見ていきたいと思います。

2 日本の地方自治の歴史

(1) 明治憲法における地方自治制度

明治憲法には地方自治についてなんらの規定ももうけられていませんでした。それでも、一八七八（明治一一）年に府県に、一八八〇（明治一三）年には区町村に民選の議会がもうけられ、一八八八（明治二一）年には市制、町村制が、一八九〇（明治二三）年には「府県制及び郡制」が発布されました。しかし、市長については、市議会が推薦した市議会議員の中から内務大臣が任命し、府県知事については、官選で天皇が任命し、内務大臣の指揮監督を受け、郡長を選出するというように、府県及び郡の自治には官治行政が強く食い込んでいました。

それでも、デモクラシー思想が勢いを得るに連れて地方自治も強化されましたが、満州事変以後の戦時体制の強化と共に、中央集権的官治行政の色彩の強いものになってしまいました。

(2) 現憲法における地方自治制度

現憲法は、民主主義の復活強化の一環として、地方自治のために第8章をもうけ、4か条の原則をもうけて、法律ではこれを改変できないものとしました。

憲法92条は、「地方公共団体の組織及び運営に関する事項は、地方自治の本旨に基づいて、法律で定める」とすると共に、それは「地方自治の本旨」に基づかなければならないという枠をはめています。

憲法学の通説では、地方自治の本旨とは、国から独立した地方自治体が自己の責任で地域の事務を処理することをいう「団体自治」と、「地域の住民が地域的な行政需要を自己の意思に基づき自己の責任で充足することをいう「住民自治」の二つの原理からなるものとされています。すなわち、地方自治の本旨は、地方分権と民主主義という二つの原理から形成されているものであり、これが憲法で制度的に保障されているのです。

憲法と同時に施行された地方自治法によって、都道府県は市町村と並ぶ普通地方公共団体とされ、官選の知事は廃止され、住民による直接選挙となり、国の監督権限は整理縮小されるとともに、地方議会の権限が拡充強化され、住民の直接請求権が保障されるに至りました。

地方自治法上、市町村は基礎的な自治体でありその処理する事務の範囲は概括的です（2条3項、4項）。これに対して、都道府県は、広域自治体として、広域にわたるもの、連絡調整に関するもの、一般の市町村が処理することが適当でないと認められる程度の規模のものを処理するものとされていて、市町村との関係では補完的です（2条5項）。

(3) 新中央集権体制の創出

しかし、公選知事に対する中央官庁の反発が強く、都道府県内部の行政事務は国の行政のまま知事権限として、処理にあたっては各省大臣の指揮命令を受けるという、戦前、市町村長に対して取られていた機関委任事務制度が都道府県知事にまで拡大され、国のコントロールの下に置く仕組みが整えられました。加えて、法令によって、行政機関、施設、特定の職の設置を自治体に義務付ける必置規制や、一九六〇年代から高度成長のひずみ是正のための生活基盤整備、公害対策、社会福祉、農業施策等の実施のための国庫補助負担金制度によって、国の地方自治体に対する統制が強化されるようになりました。このようにして、一九六〇年代に新中央集権体制が創出されてしまいました。

(4) 住民運動による地方自治の進展～革新自治体による

高度経済成長期の大規模開発によって、全国的に公害問題、環境問題、交通問題、住宅問題等の都市問題が発生し、住民運動、市民運動が激化するに伴い、「対話」や「集会」という形で住民の意見を聴取する動きが強まりました。とくに革新系首長が選挙公約としたこともあり、革新自治体の増大に伴い、このような広聴機能の充実や自治体計画策定への市民参加が推進されるに至りました。

また、国の法令による規制基準では深刻化する公害に有効に対処できないことから、一九六九年に東京都は、規制基準を強化し、規制対象を拡張する「上乗せ・横出し」の東京都公害防止条例を制定するに至りました。これを皮切りに、公害に悩む多くの自治体で同様の条例が制定されるに至りました。

さらに、革新自治体は、老人・障害者介護や保育所の整備といった福祉サービスも積極的に行いました。

現憲法で認められた地方自治によって、憲法が保障する「健康で文化的な最低限度の生活を営む権利」の充実が図られたのです。

(5) 三割自治

しかし、革新自治体による積極的な福祉行政は、自治体財政を困難な状況に陥らせました。地方自治体の独自財源の拡充のため、税制改革が叫ばれるようになりましたが、石油ショックを機に始まった世界不況によって高度経済成長が終わりを告げ、国家財政も赤字に転落したこともあって、中央から地方への財源委譲は進みませんでした。その結果、三割自治という、地方行政の守備範囲は全行政の六〇％以上を占めるのに、財源は三〇～四

○%に過ぎない状況が続きました。

(6) 地方自治の世界の流れ

ヨーロッパでは、一九六〇年代の後半から分権改革が進み、ドイツ、スペイン、デンマーク、ベルギー、ギリシア、イタリア等では一九七〇年代の分権化の波に洗われ、地方団体の再編と権限委譲が進められました。そして一九九〇年代には、中欧、東欧の旧共産圏諸国の民主化の過程で、集権国家を解体して地方政府の制度化や再編成を伴う分権化が進展しました。

このような分権化の流れは世界的規模で進展しています。

(7) 世界地方自治宣言

欧州評議会(Council of Europe)閣僚委員会によって、一九八五年七月 に採択された「欧州地方自治憲章」(European Charter of Local Self-Government)は、前文と本文18条しかありませんが、地方自治に関する重要な原理、原則を含んでいます。前文では、①地方自治体があらゆる民主的国家形態の主要な基盤であること、②公共的事項の運営における市民の参加権が、欧州評議会の民主主義原理の一つであること、③この権利が地方レベルにおいて最も直接的に公使されること、④実際的責務をもった地方自治体が存在することが、効果的で市民に身近な行政を提供し得るものであること、⑤多様な欧州諸国における地方自治の擁護と強化が、民主主義と分権の原理に基づくヨーロッパの建設に対する重要な貢献であること、⑥このためには、民主的に構成された意思決定機関を持つと同時に、財源に関する広範な自律性を有する地方自治体の存在が必然的に伴うべきことなどが謳われています。

そして、本文では、①地方自治体は、自らの発意に基づいて行動する完全な決定権を持つとする全権限性の原則(4条1項)、②公的な責務は、一般に、市民に最も身近な地方自治体が優先的に履行するとする補完性の原則(4条2項)、③自主組織権(6条1項)、④自主財政権(9条1項)の保障、及び、⑤地方自治体の連合の権利などを保障しています。

この欧州地方自治憲章の理念や原則は、全世界の国々で実現されるべきものとして、一九八五年九月にリオデジャネイロで開催された国際地方自治体連盟の第27回世界大会において、「世界地方自治宣言」（Worldwide Declaration of Local Self-Government）が採択され、地方自治の原則を各国の憲法や基本法で承認することを求めています。その後、一九九三年六月にトロントで開催された第31回世界大会において、新しい世界地方自治宣言が採択されていますが、前文をのぞけば一九八五年の宣言と同じ内容です。

(8) 日本における地方分権改革とこれから

世界的な分権改革の流れの中で、日本でも地方分権改革が推進されていきます。

一九九三年六月に国会は全党一致で「地方分権推進に関する決議」を行い、その実現のために、一九九五年五月「地方分権推進法」を制定し、総理府に地方分権推進委員会を設置しました。同委員会による五次にわたる答申に基づき、政府は一九九九年三月、地方分権推進計画を閣議決定し、それに基づき、一九九九年七月に「地方分権一括法」（以下「一括法」といいます）が成立します。

この一括法の一番の成果といえるものは、機関委任事務を廃止し、自治体の事務を「自治事務」と「法定受託事務」としたことです。改正地方自治法は、「法定受託事務」を「第1号法定受託事務」（国が本来果たすべき役割に係るものを都道府県・市町村・特別区に処理を委任する事務）と「第2号法定受託事務」（都道府県が本来果たすべき役割に係るものを市町村・特別区に委任する事務）の二つとし（2条9項）、それ以外の事務を自治事務としています（2条8項）。

なお、自治事務の処理については、国や都道府県の関与は原則的には非権力的なものに限られているのに対し、法定受託事務については、より強力な関与が認められています（246条以下）。

このような国の強い関与が及ぶ「法定受託事務」概念の導入は、「団体自治」の拡充ではなく、国がフリーハンドに地方自治体を統治する地方制度を作り直すものと指摘する論者もいます。

また、法定受託事務は、財源を国庫支出金でのみ賄うのではなく、自治体の支出もあり得ることになっており、その点でも問題のある制度概念となっています。一括法では、地方財源の充実確保に拡充について、情勢を見ながら措置を講ずるとしていました（251条）が、その措置が遅れ、小泉内閣は二〇〇四年から地方行財政改革の手段として「三位一体の改革」を実施しました。これは、①国庫補助負担金の廃止・縮減、②税源委譲、③地方交付税改革を総合的に実行しようとするものでした。しかしこの改革の中で国の財政再建を進めたため、地方自治体の事業選択の余地を認める一括交付金制度の実現や税源の一部委譲がなされたものの、約六兆円の地方財源の縮小となりました。その結果、地方自治体は住民サービスの向上よりも、財政節約競争に奔走するようになり、地方自治は衰退しました。

そのような状況の下で、分権化による民生事務の増大に対して、基礎的自治体の行政力強化のため規模拡大が必要との理由で、市町村合併が強行されました。しかし、それによってもたらされたのは、住民サービスの充実ではなく、周辺部の行政サービスの低下と過疎化であり、広域化による住民自治の形骸化でした。

この地方分権改革については、住民サービス及び住民自治の充実という観点から、検証及び見直しがなされる必要があります。

そして、財政、資源、環境等多くの制約のある中で、自治体が目指すべきは、持続可能な社会の構築であることは言うまでもありません。

【補論】栃木県の環境・エネルギー政策

当該自治体が環境政策にどうかかわっているかは、環境政策の基本となる「栃木県環境基本条例」（一九九六年三月）、「栃木県環境影響評価条例」（一九九九年三月）等の制定年月日とその内容を見ればおおよそ見当がつきます。先駆的な条例には、意欲的でユニークな内容のものが多いのですが、制定時期が遅れるに連れて、内容もありきたりのものになるのが通常です。金太郎飴的な条例のオンパレードです。栃木県の場合、これらの条例の制定は、真ん中当たりが定位置でした。

しかし、最近では、環境政策面でより先進的、意欲的な取り組みを見せるようになってきました。

たとえば二〇一〇年九月策定の「生物多様性とちぎ戦略」は、都道府県中八番目の策定で、「都市化の進展、大規模開発などにより野生動植物の生息・生育地の減少や細分化が続いています。」との現状認識のもとに、「野生動植物の生息・生育地の保全や生態系ネットワークの維持・形成を行う必要があります。」とするなど、意欲的な内容となっています。

また、二〇一四年三月策定の「とちぎエネルギー戦略」は、二〇三〇年の再生可能エネルギーの設備容量を一六〇万キロワットとしており、これを六〇万キロワットとする長野県と比較して二・五倍の値であり、意欲的なものとして評価できる内容となっています。

そして、二〇一六年三月策定のサブタイトルを「守り、育て、活かす、環境立県とちぎ」とする栃木県環境基本計画は、低酸素社会の構築、循環型社会の構築、自然共生型社会の構築を基本目標としています。

ところが、栃木県は、近隣の茨城県（七五ヘクタール）、群馬県（五〇ヘクタール）との競争を理由に、環境影響評価条例で定める環境影響評価を実施する規模要件のうち、工業団地の造成について二〇ヘクタールとしているものを、五〇ヘクタールに緩和しようとしています。自然共生型社会の構築の方向とは正反対の動きであり、環境立県の趣旨に逆行するものと言わなければなりません。この点については、注視していかなければなりません。

また、上記「とちぎエネルギー戦略」についても、長野県が目標達成のために、建築物の新築時に自然エネルギー導入の検討を条例で義務づけたり、自然エネルギー信州ネットを創設しているのに比して、具体的な取り組みが貧弱です。市民の側からも具体的な取り組みの提案をしていく必要があります。

〔当研究所副理事長、弁護士　大木　一俊〕

強欲資本主義からヒューマニズムに根差した社会へ

強欲資本主義

『文藝春秋』二〇一六年六月号は、「強欲資本主義と決別せよ」という特集を組んでいます。そこでは、「世界で一番貧しい大統領」ホセ・ムヒカ元ウルグアイ大統領へのインタビューと、金持ちと大企業が税金逃れを行うタックスヘイブンの実態を浮き彫りにする「パナマ文書」が取り上げられています。

日本の政治を行う人たちにぜひ聞いてほしい内容です。「貧しい人とは、少ししか物を持っていない人ではなく、無限の欲があり、いくらあっても満足しない人のことである」とムヒカは二〇一二年の国連会議でこのように語りかけました。彼は古びた平屋に妻と住み、一九八七年製のフォルクスワーゲンに乗り、給与のほとんどを寄付して月一、〇〇〇ドルで生活していると言われています。個人財産は車とトラクターと自宅のみです。

質素な生活を問われたことに対して「多くの人は、大統領は豪華な生活をしないといけないと思い込んでいるのでしょう」と切り返しています。「独立広場のベンチでマテ茶を飲むが、多くの人が話しかけてくる……警備に困ると言われるが構わない」と意に介しません。「大統領が一部の金持ちと同じ生活をしていたら国でなにが起こっているか分からない、国民の生活レベルが上がれば私の生活レベルも上がるだろう……人気がほしくて言っているのではない。何度も考え抜いた末の結論なんだ」と。

同じく取り上げられている「パナマ文書」はムヒカ大

統領の上記の発言と深く結び付いています。今年四月四日、租税回避地から流出した税金逃れのリストは世界を震撼させました。総じて言えば金持ちや大企業が本来本国で納めるべき税金を租税回避地を利用して税金逃れをしており、通常は証拠のつかめないものでした。

しかしインターネットが全世界をつなぐ今、いったん流出するとあっという間にその秘密ファイルは全世界を駆け巡りました。48時間以内にタックスヘイブンの会社の株主だった、アイスランドの首相が辞意を伝えました。ちなみに自然も美しく、国民の生活水準も高かったアイスランドは、過度の民営化を進めアメリカ資本の流入ののち、リーマンショックで国家財政が破たんに瀕した国です。

さてわが国でも税逃れのために、すでに二〇年前にタックスヘイブンを利用した大銀行六行が、総額一〇〇億円の追徴課税を受けています。今回もユニクロの経営者柳井氏、ドンキホーテの安田氏、ベネッセの福武氏などの名前が挙がっていますし、また大企業としては伊藤忠商事、丸紅、ソフトバンク、セコム等が取り上げられています。

象徴的な二つの事例が、ゆがんだ資本主義の在り方に警鐘を鳴らしています。

純粋な弱肉強食の資本主義の道を歩んでいるのはアメリカです。格差は拡大して上位一%が全米の富の二五%を所有しており、依然としてその一%に入ることがアメリカン・ドリームであると言われています。共和党大統領候補トランプもその一人です。

フランスでは労働法の改悪阻止に、若者が立ちあがっています。その運動に参加している一人の哲学を学ぶ女性がこう言いました。「生活に困った移民の子供が、果物を盗んで警察に拘留された。しかし、本来支払うべき税金を、タックスヘイブンを利用して支払わないのは、もっと重大な窃盗ではないのか」と。

今アメリカをはじめとする資本主義国における格差が拡大しています。戦後一貫してアメリカを追いかけた日本は、アメリカ型の格差社会をも持ちこんでいます。OECD加盟三〇カ国の貧困率調査では、最下位、メキシコ《一八・五%》、トルコ《一七・五%》ですが、それにアメリカ《一七%》、日本《一五%》が続いているのです。ちなみに、格差が無い方から取り上げると、デンマーク、スウェーデン、チェコ、オーストリア、ノルウエー、フランス、アイスランド、ハンガリー、フィンランド(五%～一〇%)とヨーロッパの国が続いています。このことからもわかるように同じ資本主義ながらヨーロッパはアメリカと違った途を歩いているということができます。

同じ資本主義でもアメリカ型とヨーロッパ型はどう違うのか最後に我々が目指す途という結論で述べましょう。

日本経済の今

安倍政権は二〇一四年三月に消費税を五%から八%に上げました。

二〇一五年一〇月に予定していた一〇%への増税は延期、そして参議院選挙前のタイミングで、その引き上げの再延期を表明しました。消費税を八%へ三%上げれば二〇一四年の一般会計における税増収が4兆円強になると前回の増税で財務省は述べましたが、その増税分以上の税金を大企業は支払っていません。

もうすこしこの問題を掘り下げましょう。ここに富岡幸雄著『税金を払わない巨大企業』、文藝春秋、二〇一四年があります。著者の富岡氏は、国税庁の職員を経て中央大学教授を務めました。「骨太の方針」では、法人税を二〇%台に引き下げ、大企業の国際競争率を高めようとしています。しかし現状では、巨額の利益をあげているにもかかわらず、ほとんど税金を支払っていない事実があることを指摘しています。

富岡教授の分析によると、消費税増税分以上の税金を大企業は払っていないとされました。わが国の税制では脱税ではなく、正規のいくつかの優遇制度のもとで、我々がよく知っている大企業が、利益に対して驚くほど少ない税金しか支払っていないのです。二〇一三年三月期の数値で、本来の法定税率は三八%ですが、たとえば、孫正義氏の「ソフトバンク」は利益七七八億円に対して税金支払い額は、五〇〇万円。柳井氏のユニクロ、ファーストリテーリングは、七五六億円の利益に対して、同五二億円、六・九二％です。

安倍首相の政治スタイルは、独裁的、強引な政治手法です。放送を、中央銀行を政治に従属させ、挙句の果てには憲法解釈を強引に行い、平和というヒューマニズムの根源をひっくり返そうとしています。それに自民党の議員が何も言わずしたがっているのが不思議な現象といえます。ＮＨＫ会長の発言は論外ですが、日銀白川総裁の慎重な金融政策に不満を持った安倍首相は、黒田東彦氏を日銀総裁に就任させました。安倍首相の意を受けた黒田総裁は、消費者物価指数二％上昇を目標に、長期国債や上場投資信託の購入を倍増、長期国債の残存期間も二年以上にしました。二〇一三年の政策発動後には、短期的に株価上昇、円安ドル高に《対ドル一〇〇円》株価一五、〇〇〇円にまで持っていくことができましたが、その後反転、二〇一五年対ドル円一二〇円に。二〇一五年四月と一〇月に物価目標二％の再延期をおこないました。

これを、政策の失敗ではなく、新興国経済の不振、中国経済の設備過剰、原油価格の低迷などと責任転嫁をしています。この間日銀に超低金利の国債が三〇〇兆円積み上げられました。二〇一六年一月、マイナス金利政策を導入、景気浮揚をもくろみましたが、これは量的緩和の限界を露呈したことになります。円安は、世界のマネーが比較的安全な資産である円へと流れ、円高・株安に。株に関しては、政府の年金基金の運用で一時高くなりましたが、政府が参議院選挙以降に発表を繰り延べして発表した年金基金の株式運用損は年間で五兆円に達しました。国民は損失をこうむり、潤ったのは、手数料収入が入った証券会社などです。

輸出関連型企業、特にトヨタ自動車は一円の円安で何の努力をしなくても四〇〇億円の利益が懐に転がり込むのです。しかし円高方向に為替相場が動くのにトヨタはなすすべがありません。一九八〇年代の日銀の度重なる公定歩合の引き下げが、バブルを生み、わが国経済を取り返しのつかない方向に引きずり込んだ記憶がよみがえります。その時もだれも責任をとりませんでした。何が何でも金融政策でインフレ率景気浮揚をというのには若干無理があります。

六月一日付「日本経済新聞」は、「景気弾まぬ雇用改善』という記事を取り上げています。四月の有効求人倍率は、二四年五カ月ぶりの高水準で、全都道府県で一倍を超えたとあります。普通には雇用改善は喜ぶべき問題ですが、わが国独自の問題点をはらんでいます。

わが国においては、雇用が増えているのは高齢者や女性の非正規労働が中心です。求人倍率の伸びの割には景気が盛り上がらない理由です。

もちろんこれは現在が、各国首脳に一蹴された安部首相の「リーマンショック以来の深刻な状況」とは違います。

特に非製造業は深刻です。人手不足に関しては教育・学習支援業が八・二%増、宿泊・飲食サービス業が八・〇%増、医療・福祉業も六・九%増に達しています。非製造業は慢性的な人手不足で、求人倍率が押し上げられています。特にこの分野では非正規雇用が常態化しています。たとえばイオンは全国に一二六、四四〇人の従業員がいますが、そのうち六六%はパートタイマーなどの非正規雇用です。ゼンショー八七%、すかいらーく八八%、吉野家八二%、マクドナルド八四%などです。もちろん製造業においても非正規雇用労働者は多く、トヨタ自動車が、従業員三四四、一〇九人中八五、八四八人で約二〇%が非正規です。同様に日立製作所が四八、〇〇〇人、日産自動車が二〇、〇〇〇人の非正規従業員を抱えています。

また五月一〇日厚労省発表の、毎月勤労統計の確報によると、実質賃金は五年連続の減少で、名目賃金は伸び悩み、非正規雇用の増加で賃金の低下が止まりません。安倍首相は正規に対する非正規の賃金六〇%を八〇%にまで引き上げると述べましたが、具体的な手立ては示していません。

少子化社会の克服の途

二〇一五年一〇月栃木県が発行した『とちぎ創生15《いちご》戦略』は、「喫緊の課題である人口減少問題の克服」が「まち・ひと・しごと創生」の前提であると述べて、本文63ページのうち17頁を割いて人口減少に関する分析を行っていますが、そこでは効果的な政策はなんら提示されていません。栃木は二〇〇五年以降人口減少が始まり、二〇一〇年には六十五歳人口が二二％に上昇、また〇～十四歳人口は、一三・六％にまで減少しているのです。

日本の出生率は下がり続け、二〇一一年には一・三九まで低下したのです。お茶を濁す程度の子育て支援で出生率は回復するのか政府の本気度を確かめる必要があります。

さて世界に目を転じると、先進国の中で、出生率を飛躍的に上昇させた国があります。一九九〇年代には出生率が一・六台まで低下したのですが二〇一一年には二・〇一まで回復しました。その国フランスの事例を以下で紹介しましょう。フランスの場合は政府の効果的な政策と全体としての国のあり方からそれが実現したのです。以下の数値は、わが国内閣府（二〇〇五年調査）のものですのでご自由にお使いください。

具体的に述べましょう。第一に家族手当の充実です。二人以上の子どもには、二十歳になる直前まで所得制限なしで、家族手当が毎月支給されます。それは子どもが増えるとともに増加します。一ユーロ一三三円で計算します。子ども二人、一五、〇〇〇円、三人三五、〇〇〇円、子ども四人、五四、〇〇〇円、以降子ども一人に付き一九、〇〇〇円加算され、子どもが成長するにつれて十一歳から十六歳まで、四、三〇〇円、十六歳から十九歳まで七、六〇〇円が加算されます。さらに出産手当、一〇九、〇〇〇円、三歳未満に対する乳幼児基礎手当、二二、〇〇〇円、第三子から提供される家族補助手当、二、〇〇〇円、新学期手当三五、〇〇〇円などこちらは所得制限がありますが、子どもの成長に合わせていろいろの手当てがあります。

また子育てのために仕事を休むことによる所得補償として、子ども一人の場合、出産六カ月間、二人以上の場合末子が三歳未満である間。一定の条件《過去二年以上仕事をしていたことなど》を満たした場合、乳幼児基礎手当を受給していない場合、全面的職業活動停止、六七、〇〇〇円、勤務時間五〇％、五一、〇〇〇円、勤務時間五〇～八〇％、三九、〇〇〇円、六歳未満は保育ママ、ベビーシッター利用に関する補助があります。

また婚外子に対する区別はないために、婚外子出生比率は四四・三％と高くなっています。またフランスの法定労働時間は35時間で余裕のある生活が出生率にも反映されていると思われます。とくに特別休暇の導入です。出産休暇はもとより、父子の育児休暇です。もちろん子どもを持つことにより不利にならないような減税の実施。多子家族カード、退職者に対する優遇処置などです。また重要な事は、乳児から受け入れ可能な保育施設の充実です。そこに雇用もまた生まれます。上にも述べましたが、法的に結婚していないカップルも結婚しているカップルと全く同じ法的保護手当を受け取ることができ、日本の同棲という言葉の持つ暗いイメージはありません。

もう一つ関連づけて言われるのは女性の就業率八五％という現実です。女性は子どもを産んでも一定の期間休暇をとり、職場に復帰するのが普通のことであり、日本における妊娠したことによって問題となった「マタハラ」などという現実は考えられないことです。

さて『栃木創生15（いちご）戦略』という平成二七年一〇月栃木県発行の資料があります。その表紙には、「喫緊の課題である人口減少問題の克服と将来にわたる地域の活性化の維持を目指していく取り組みです」とあります。栃木県の総人口の推移は、二〇一〇年二〇一万人から二〇六〇年には一五二万人と推計しています。

しかも、この人口を実現させるためには、現在の出生率一・四六（全国平均一・四二）を二〇三〇年に県民希望出生率の一・九〇、二〇四〇年二・〇七に、その他の人口移動を考慮して、二〇六〇年に一五〇万程度の人口を確保できる見通しであるとしています。

しかしそれを実現ないし支援するシステムには触れていません。先のフランスの事例では、一九九〇年代に一・六であった出生率を、二〇一一年に二・〇一まで回復させるのにどのような努力が政策的になされたのかを述べてきました。実はどのようにして実現するかのプログラムが、全く述べられていないのです。二〇一六年四月一日現在の、北関東三県の待機児童数が、五四二人の高水準続くと、八月一九日付日経新聞は述べています。

栃木県は、昨年比九五人減の一五五人と大きく減らしていますが、東京などの首都圏より待機児童減少に当たっては優れた環境にある栃木県ですら将来展望は明るいものではないと言えるでしょう。

資本主義の二つの途
――アメリカ型とヨーロッパ型――

アメリカ型かフランス型か?

①二四時間三六五日営業か、日曜休業か

フランスでは大型店は日曜日に一斉休業します。日曜日の夕方にフランスを離れて日本に帰る観光客がその日デパートでお土産を買おうと計画していると、デパートが閉店して途方に暮れる光景を目にしたことがあります。日曜というみんなが休む日にデパートを開けないということが可能なのかという人がいるかもしれません。日本ではコンビニに代表されるような一年三六五日二四時間営業が当然のことのように行われ、元旦もデパートが開店しているという現実をどのように考えればよいでしょうか? これこそ「資本の論理」です。これを喜んでいるのはデパートの経営者だけです。パートのお母さんの日本の伝統の元旦を家族で迎えるという古き良い習慣を資本の論理が踏みにじっているのです。

フランスでは法律で日曜営業を禁止しているのです。法律で禁止すれば閉店せざるをえません。

②高額学費か学費無料か

われわれ日本人には信じられない話ですが、フランスは大学の授業料が無料です。入学時に支払うのは登録料です。また多くの文部省管轄以外の高等教育機関があります。フランスのエリートはこのような高等教育機関が養成しています。たとえば日産のカルロス・ゴーンが出た理工科学校は入学定員三五〇人ですがそれはフランス革命が創った学校です。国防省が管轄していて、形の上では日本の防衛大学のような学校ですが、フランスの技術系エリートを養成しそこを卒業すると出世間違いなしで、学費がいらないのみではなく給与が支払われます。

そのような少人数教育のエリート校がフランスには三〇〇校ほどあります。ちなみにパリ大学はパリ市内・郊外に一三のキャンパスを持ち三〇万人以上の学生を擁していますから、日本で言う東京大学のような存在ではありません。

③受益者負担高度医療か国民皆保険か

アメリカは国民健康保険が存在せず、国民の六分の一が無保険、しかし保険に入っている人たちも、大きな病気になれば治療費が払えなくなり、破産という現実の矛盾を取り扱ったマイケル・ムーアのSiCKOというドキュメンタリー映画があります。八月二三日付日経新聞は、医療保険改革に挑むオバマ政権に対しては、今まで恩恵を受けてきた保険会社が、低所得者層の保険リスクが大きく、儲からない分野からの撤退を始めています。フランスは医療も原則無料です。日本とは医療保険の相互協定があります。

わが国は戦後一貫してアメリカ型の資本主義を目指してきました。というより政権の指導者は国のモデルはアメリカだと考えアメリカに従属してきたのです。たしかに経済は発展しGDPは上位に位置しています。しかしさきにみたように相対的貧困率が下から数えてアメリカ三位と日本四位というあまり胸を張ることができない現状にわれわれは置かれています。今少し立ち止まって見ると、資本主義にも多様な道があり、それを実践している国があるということが分かります。われわれは今こそ世界に広く目を向けてみる必要があるのではないでしょうか？

キャピタリズム〈資本中心主義〉を超えた新たな実践はヒューマニズム〈人間中心主義〉に根差した社会を模索することなのです。

（参考資料）

栃木県発行統計資料、各社ホームページ、政府ホームページ、新聞を参考資料とした。なお、書籍などは本文中に記載。

〔当研究所副理事長、作新学院大学名誉教授　日高　定昭〕

TPP・アベノミクス農政の下での農業政策・地域政策

1　アベノミクス農政の展開とその特徴

民主党から自民党への政権再交代に伴い、米政策改革が急ピッチで再開されてきた。戸別所得補償政策の見直しと経営所得安定対策への再転換、及び、平成三〇年を目途とした国の生産調整配分の廃止と収入保険制度への移行を伴う生産調整政策の大幅見直しが進行途上にある。基調的には、直接支払い制度による全農家対応型政策から市場原理重視、担い手選別型政策へと大きく転換してきている点にその特徴がある。

こうしたアベノミクス農政に伴う政策転換は、平成二五年末に農業・農村所得倍増を掲げた「農林水産業・地域の活力創造プラン」に示されている。そこでは、①農山漁村の潜在的ポテンシャル活用の遅れ（需給のミスマッチ）、②農業者の経営マインドの弱さ、③チャレンジを後押しする農業環境整備の遅れを指摘し、農業停滞の原因をもっぱら農業内部の体質改善の遅れに求めている。その打開の方向として、第一に、アジアを中心とする食料需要拡大に対応した農産物輸出の促進、第二に、需要と供給をつなぐバリューチェーンの再構築（農商工連携・六次産業化）、第三に、担い手支援に思い切ってシフトした生産現場の強化（中間管理機構や経営所得安定対策の見直し）、第四に、農村の多面的機能の維持・発揮（日本型直接支払制度）を掲げ、担い手重視と農外活力の活用を軸とした農政転換を打ち出している。アベノミクス農政の特徴は、こうした戦略策定に当たり、産業競争力会議や規制改革会議といった農外の外部諮問機関の意向が強く反映されると共に、ＪＡをはじめとする既存の農業団体への強い改革志向が示されている点にある。そこでは農外資本の農業参入を進めながら、その障害となる既存の制度や団体を既得権益として攻撃する規制改革路線＝新自由主義的志向で一貫していると共に、こうした改革についてこられる担い手層に施策を集中する選別的志向が強いのがその特徴である。

地域政策としては、人口減少社会と消滅自治体可能性が宣伝される中、平成二六年末「まち・ひと・しごと創生法」が制定され、地域創生と定住社会の確立を打ち出している。そこでは人口減少に対応した集落や自治体の再編を伴うコンパクトシティ化や高齢化に伴う福祉介護システムの見直しを要請しており、定住社会の維持・確保というよりも人口減少に対応した「効率的」地域システムの再編を目指している。「自助努力」の名の下に地域選別的志向が強い点にその特徴がある。こうした地域政策と農業政策における選別的志向は、農業政策としては平成二七年三月に「新たな食料・農業・農村基本計画」（第四次）において統合化・具体化されてきている。そこでは、水田農業のあるべき姿として、担い手への農地八割集積、コストの四割削減（担い手の米生産コストを下回る九、六〇〇円目標、将来の米価目標）を打ち出し、国際化に耐えうる担い手育成を急いでいる。その手段として農地流動化の加速化を目指す中間管理機構の創設と米政策改革の加速化、ＪＡをはじめとする農業団体改革推進を打ち出してきたのである。人口減少社会への対応としての定住社会維持目標と、重要な地場産業である農業における選別的担い手育成方策との整合性・両立可能性自体が問題となろう。

こうした急ピッチな農政転換の背景には、平成二二年から開始されたＴＰＰ交渉（環太平洋パートナーシップ）への対応がある。貿易交渉はＷＴＯ交渉を軸に展開していたが、先進国と途上国、農産物の輸出国と輸入国の三つどもえの対立を背景に頓挫し、二国間交渉を軸とするＦＴＡ・ＥＰＡ交渉が主流となりつつあった。こうした地域ブロック化はＥＵ、ＮＡＦＴＡ（北米自由貿易協定）をはじめに、九〇年代以降に広がりつつあったが、成長セクターであるアジアの帰趨がその焦点となった。日本においては、WTOの枠組みの下にアジアを中心に二国間交渉を進めていたが、日中韓を主軸とした東アジア経済圏構想とアメリカを主軸とした環太平洋経済圏構想が対立していた。平成二五年三月、安倍首相は日米共同声明でTPP交渉参加を表明、大きく後者へと舵を切ったのである。TPP交渉の場合、アメリカ、オセアニア、カナダを中心とした農産物輸出国をその構成員とするため、米など農産物重要品目への影響が危惧され、自民党内部、国会において「守り抜くべき聖域」として関心事項が決議された。しかし、基本的に完全自由化を目指す交渉枠組みの下で、TPPは大幅譲歩する形で平成二七年一〇月に大枠合意、足早に平成二七年一一月「総合的なTPP関連政策大綱」を策定し、臨時国会で審議されたが、黒塗り資料に代表される合意内容自体の不分明もあり、継続審議で今日に至っている。

先の農政転換の背景は、こうしたTPPをはじめとする国際環境への先取り対応であり、活力創造プランが掲げる農業内部の体質改善の遅れが主軸ではない。農産物市場開放への政策選択と戦略策定の前提自体への問題を抱えているといえよう。

2 TPP大枠合意と日本農業への影響

TPPの大枠合意（日本）は以下の通りである。

第一に、工業製品を含めた関税撤廃率は九五％であり、他の国がほぼ一〇〇％となっている中で、農産物を中心に相対的に撤廃率が低い点が交渉成果とされている。しかし、工業製品の即時撤廃割合は加盟国平均七六・六％の中で、アメリカ六七％、カナダ六八％等むしろ先進国で緩和が緩やかであり、特にアメリカの自動車関税では米韓FTAを上回る二五年後の関税撤廃となっている。日本では農産物、他の先進国では工業製品が関心品目であり、痛み分けというのが実態であろう。

第二に、農産物に関してみれば、八一％の関税撤廃率であるが、「聖域」たる米など重要五品目でも三〇％、これまで関税撤廃したことのない果樹・鶏卵等の重要品目では八九％、それ以外の野菜等の品目ではほぼ一〇〇％の撤廃率であり、日本農業の基幹品目に及ぶ大幅譲歩が行われている。重要五品目では、米・麦類で加工品・飼料用等で二五%、牛肉・豚肉など畜産物で内臓肉、ハムなど加工品を中心に約七〇%の撤廃となっており、特に畜産への影響が危惧される内容となっている。日本農業の根幹が脅かされる合意といえよう。

こうしたTPP大枠合意の影響について、政府(内閣府)が再試算を発表している。GDPの増加額は二・六%、一三・六兆円の押し上げ効果があり、農業生産への影響額は一、三〇〇億から二、一〇〇億円程度に留まるとするものである。前回試算に比べてGDP押し上げ効果でおよそ四倍、農業被害額で二〇分の一以下への影響予測となっており、現場からその試算への不信を招いている。今回の政府試算では、①GDP予測において生産性向上効果、資本蓄積効果、消費増大効果が高く見積もられていると共に、②農業への影響効果は、生産が維持されることが前提(生産減少率ゼロ)となっており、③今後具体化するTPP関連影響対策の効果を見込み、加えて④農産物19品目に限定した試算となっている限界を持っている。さらに言えば、⑤即時関税撤廃する農産加工品等の輸入増大の影響を軽視ないし無視すると共に、⑥これまでの農業保護政策の財源であった関税収入の減少分をほとんど考慮していない欠点を持っている。

こうした現場の実感からかけ離れた政府試算に関し、いくつかの農業県では独自影響試算を検討する動きが見られたと共に、研究者からは東大の鈴木宣弘教授の試算がある。鈴木試算によれば、被害金額は農林水産物計で一・五六兆円と政府試算の一〇倍に及び、品目別では米で六・七%、一、二〇〇億円、豚肉で四九%、二、八〇〇億円、牛肉で三一%、一、七四〇億円に達している。GDPで〇・三六%の押し下げ効果となり、関連産業を含めて七六万人の雇用が減少し、農業の多面的機能も二、一五九億円減少する見込みだ。関連対策効果も見込んだ先の政府試算との前提の違いはあるが、同じ影響試算としてその結果は大幅に食い違っているとしてよい。

影響試算としては、農産物の輸出国たるアメリカも平成二八年五月にその結果を公表している。アメリカのGDP押し上げ効果は〇・一%、四・七兆円であり、輸出増の期待される農業食品分野は輸出で二・六%、八、〇〇〇億円の増（日本向けはその半分の四、〇〇〇億円程度）となるが、製造業では生産額も雇用も縮小するというものである。大統領選におけるヒラリー、トランプ候補のTPP批准反対表明の根拠となっている。農産物輸出を品目別に見れば、米で二三％増（日本向け七万トン枠の確保、既存輸出量と合わせて五〇万トンの対日輸出見込み）、牛肉で五〇％増、乳製品で約三倍、鶏肉で約一〇倍の輸出増を見込んでいる。これにオセアニア、カナダ、メキシコ、ベトナムからの輸入増大を加えれば、その動向は鈴木試算を補強する予測となっているとして良い。

栃木県においては、政府再試算に栃木県生産割合をかけてその影響を試算し、深刻な影響はないとしているが、根拠となっている政府再試算の信憑性自体が問われている。再考が必要であろう。また、福田知事はTPP審議入りに対し、「慎重な審議」を要望してきたが、TPP交渉そのものへの態度表明は控えている。全国トップ10の農業県であり、TPPの影響が懸念される稲作、畜産の大産地の知事として、その態度表明が求められよう。

3　TPPの性格と大枠合意の問題点

TPP交渉の性格と問題点について見てみよう。

第一は、TPP交渉の背景には、成長セクターたるアジアの囲い込みを巡る路線対立がある。日中韓主導でのASEANを中核とした東アジア自由貿易圏とアメリカ主導のAPEC型の環太平洋経済圏構想である。日本の国家戦略は現在アメリカ主導型へ前のめりとなっており、アジアにおける緊張と分断を強めている。TPP交渉の前提として、安全保障も含めた国家戦略の真剣な議論が求められよう

第二に、TPP交渉は、GDP比率で見れば経済的には日米交渉の性格が強く、これまで進めてきた日米貿易・投資「年次改革要望書」の総仕上げ的性格が強い。新自由主義的志向で日米一体化を強めてきたこれまでの交渉の経緯と性格に関する慎重な検討が必要であろう。

第三に、TPP交渉は単なる貿易自由化交渉ではなく、金融・保険・政府調達，知的財産権・労働・サービ

スなど二四の交渉分野に及び、国の「かたち」の改造を伴う経済連携交渉である。日本においてはもっぱら農産物自由化交渉として報道されているが、ＩＳＤ条項に代表される国家主権に関わる交渉である事に対する国民理解が不足している点が問題であろう。

第四に、ＴＰＰ交渉における特異な交渉方式である。外交交渉では、一般に譲許する項目をリストアップするポジティブリスト方式をとるが、ＴＰＰにおいては、守る分野のみ列記するネガティブリスト方式をとっている。この場合、列記漏れは原則譲許したものとなるため大変危険な交渉方式とされる。問題が多い交渉方式といえる。

第五に、ＴＰＰ交渉における危険な条項の問題である。大枠合意の中には、国会でも問題となった（多国籍）民間企業が国家に賠償請求できるＩＳＤ条項が入っている。また、加盟後、仮に問題が発生してＴＰＰを脱退しても、譲許した水準を元に戻せないラチェット条項が入っている。加えて、農産物を含む物品関税に関しては、輸出国が七年後に再交渉を請求する権利が認められており、今回の大枠合意は単なる通過点となる危険性が強い。大枠合意における関税水準に止まらない危険な合意となっている点に注意が必要である。

第六に、ＴＰＰ交渉の徹底した秘密主義である。交渉過程は合意後四年間秘匿する交渉方式となっており、交渉の経緯や合意内容は必ずしも十分に情報開示されていない。加えて、合意内容の公式文書は、英語、スペイン語、フランス語のみ公用語とされているが、日本語文書は公式には採用されていない。解釈や誤解を生みやすい異例の合意形式となっている。国の形を決める交渉において民主主義に反する姿勢を取っており、国会審議や国民理解の醸成に反しているといえよう。

第七に、ＴＰＰ大枠合意における政府対応の問題である。本来であれば、大枠合意内容をきちんと公開した上で、その影響試算を公表し、被害を最小限に止めるための対策原案を策定して国会審議にかけるべきであるが、今回の順番は逆になっている。大枠合意後すぐに対策大綱が閣議決定され、その後に対策を加味した影響試算を公表するとともに、合意内容を小出しにして国会審議に臨んでいる。

第八に、ＴＰＰ交渉と農業・地域経済への影響である。関税削減・撤廃に伴う農業への影響は先に触れたが、鈴木試算によれば一・五兆円規模に達し、農業生産額の二割弱に及ぶ事が懸念される。新基本計画では自給率目標四五％を維持し、自由化と農業再生の両立を掲げるが、その整合性が問われよう。日本ではすでに人口が減少しているが、世界的には人口増大が問題となっており、二十一世紀は食料争奪戦の世紀となることが予想されている。食料は単なる経済財から政治材、戦略物資となってきているのである。加えて、ＢＳＥや遺伝子組替作物，ホルモン剤・添加物等の防疫体制への影響も懸念されるとともに、有機農産物等の認証基準や食品表示システムへの波及も危惧されている。さらに、関税収入による国内農業保護体制の崩壊は、ＴＰＰ対策等の国民負担を含めた財源の不透明性を強めている。何のための、誰のための交渉なのか、再度その基本性格が問われている。

４　ＴＰＰ交渉とその対応方向

ＴＰＰ大枠合意を巡っては、参加各国で批准に向けた国内議論が進展途上にある。交渉の中核であるアメリカにおいては、大統領選における両候補がＴＰＰ合意反対を表明せざるをえない状態となっており、議会においても反発が強い。ＮＡＦＴＡをはじめとする自由化交渉が、多国籍企業の利益にはなっても、国内格差を拡大しむしろ雇用を奪うものという国民理解が広がっているのがその背景にある。年内はもとより、大統領選後の対応を含めて不透明感が強い状況といえる。こうした批准を巡る動きとしては、オーストラリアやカナダにおいても、ＩＳＤ条項や特許権（ジェネリック医薬品制限への不安）に関する不満が広がっており、慎重審議の構えとなっており、アジアにおいてはマレーシアが慎重審議の方向である。ＴＰＰ交渉の大西洋版としての米・ＥＵの経済連携協定への模索も、仏・独の慎重姿勢で交渉自体が頓挫しつつあるのが実態である。こうした中で日本のみがＴＰＰ批准に前のめりとなっており、やや特異な対応となっているといえよう。秋の臨時国会でＴＰＰ批准を検討する予定となっているが、国際情勢を踏まえつつ、拙速な決断の無いよう慎重審議が求められる。

ＩＳＤ条項はもとより、ＴＰＰ合意は権限的に国内法を上回り、国民主権の放棄的性格が強い。また、関税撤廃は国民利益よりも多国籍企業の収益を優先する国家権限の放棄を意味する。国際情勢の不透明性が強まる時代において、ＴＰＰ交渉は単に農業の問題ではなく、こうした国のかたち、国民主権に関わる交渉であることを肝に銘ずる必要があろう。

栃木県農業は、トップ10に入る農業県であるとともに、耕種と畜産・園芸がほぼ三分の一ずつを占め、首都圏の台所としてバランスのよい総合供給基地である点に強みがある。こうした強みは、市場流通から契約流通に移行する過程で、単品型ではない総合供給産地として産地間競争における優位性を保ってきた。しかし、ＴＰＰ交渉結果は、先に見たとおり耕種部門と畜産部門への打撃が大きく、栃木県農業の存立基盤を脅かす内容となっている。耕種と畜産部門は水田と畑地（飼料作）の土地利用型部門として、観光立県栃木の環境と景観保全に役立ってきたが、その弱体化は中山間地をはじめとする耕作放棄地の増大を招く恐れなしとしない。加えて、地方における主要産業である農業の弱体化は、地域における人口減少に拍車をかけ、定住環境確保を掲げる地方創生対策とも矛盾することとなろう。ＴＰＰ合意は乗ってはいけない、後戻りのできないバスなのである。

こうした危惧は、栃木県ばかりでなく、東北をはじめとする農業県に広がっている。先の参議院選挙における地方の反乱は、こうした不安・不満への意思表示とみることができる。福田知事は、輸出産業の県内立地にも配慮し、ＴＰＰ批准には慎重審議を表明するに止めているが、国会審議が批准を判断する段階に入っており、県内の農業、地域経済、環境保全確保の視点から、より踏み込んだ態度表明が求められている。全国知事会での位置付けから見ても、主要農業県の代表としてリーダーシップを取り、積極的な地方からの発信が望まれる。

〔当研究所理事長、宇都宮大学教授　秋山　満〕

地方自治、住民自治を土台とする地域づくりを

1　はじめに　地域づくりと持続可能性

東日本大震災から八カ月後の二〇一一年一一月、国土交通省が『「持続可能で活力ある国土・地域づくり」の推進について』を公表しました。その二四年前の一九八七年、国連ブルントラント委員会の『Our Common Future』でサスティナビリティ（持続可能性）という言葉が使用されました。「持続可能な発展」（将来の世代のニーズを満たす能力を損なうことなく、今日の世代のニーズを満たすような開発）という考え方が広く知られるようになったのは、一九九二年にリオデジャネイロ（ブラジル）で開かれた世界環境サミットからです。欧州では、一九九四年に第一回欧州サスティナブル都市会議が開催されました。二〇〇一年、ＥＵの政策執行機関である欧州委員会は、『よりよき世界のための持続可能なヨーロッパ：ＥＵ持続可能性、持続可能な発展戦略』をとりまとめました。以上のように持続可能な発展は、多くの国や地域の重要な指針となっています。

持続可能性の指標として、環境・経済・社会のトリプル・ボトムラインが重要であると長らく指摘されていましたが、これらを実現する上での制度も指標として加えられるようになりました。つまり、環境・経済・社会・制度の観点から、地域づくりにおける持続可能性を検討することが大切であると言えます参考文献(1)(2)。

2 自治への追い風と逆風

ここでは、持続可能性という観点から地域づくりに関する制度を概観します。我が国では、国土総合開発法（一九五〇年施行）を根拠法とする四次にわたる全国総合開発計画が戦後の地域づくりの支柱となってきました。全国の均衡ある発展を目指した本計画は、政府を頂点とするトップダウン型の地域づくりでした。一九九八年三月「21世紀の国土のグランドデザイン（第五次全国総合開発計画）」が閣議決定されました。〝多様な主体の参加と地域連携による国土づくり〟を提唱するなど、来たるべき人口減少と超高齢化の二一世紀を見据えた内容となっています。同年、特定非営利活動促進法（NPO法）が施行され、続いて二〇〇〇年地方分権一括法が施行されました。つまり、地域づくりの主体は地方自治体と地域住民であるという、本来あるべき地域づくりの枠組みが形成されつつあったことが読み取れます。これは、持続可能性という観点からは、一定の条件付き（例えば、地方自治体の財政基盤の確立など）ながら、前向きに評価できるものと考えます。ただし、地方分権の流れの中で政府が強力に推し進めた「平成の大合併」の弊害など、問題も多々あることを忘れてはなりません。

続いて、二〇〇五年には国土総合開発法が改正され、国土形成計画法が施行されました。二〇〇八年国土形成計画（全国計画）が閣議決定され、同年に策定された計画の検討段階では「成熟型社会の計画」を基調とすることが論議されています（例えば、国土審議会懇談会、二〇〇五年八月一一日）。

以上のように、二一世紀にはいり、超高齢化、人口減少が現実のものとなり、政府を頂点とするトップダウン型でなく、〝地域づくりは地域で〟というカタチ（砂上の楼閣でしかないと揶揄されることもありますが）が形成されてきました。

この流れが一変する契機となったのが二〇一一年三月一一日の東日本大震災と、その後の第二次安倍内閣（二〇一二年〜二〇一四年）の誕生でした。この内閣のもと国土強靱化基本法（二〇一三年）が成立し、自然災害に強い国土形成（＝インフラ整備）のため莫大な予算が計上されました。自然災害への対応という題目であれば、表だって異を唱えることは躊躇されます。その後、二〇一四年「まち・ひと・しごと創生法」が成立しました。本法に基づき、全国の地方自治体は短期間で人口ビジョンと総合戦略をとりまとめることが求められました。正に〝地方創生狂想曲〟という様相です。国が地域づくりの仕組みをつくり、それに地方自治体が従属するという、地方創生法に基づくトップダウン型地域づくりは全国総合開発計画と類似しています。国は、地方創生においては地方自治体の独自性を尊重すると言いますが、ビジョンと戦略のひな形を国が用意し、それにのっとって地方自治体が検討するわけですので、金太郎飴のように類似した地域づくりが進められるのではないかということが危惧されます。

そして、二〇一五年、戦後七番目の国土計画である国土形成計画（全国計画）「対流促進型国土」形成の計画が閣議決定されました。本計画には、〝各地域の独自の個性を活かした、これからの時代にふさわしい国土の均衡ある発展〟という一文があります。前述のように、四次にわたる全国総合開発計画の目標は〝国土の均衡ある発展〟でした。その量的拡大志向から脱却することも国土形成計画が目指しているところだったわけですが、量的拡大志向という戦後の発想からはなかなか抜け出すことができないようです。[補注(1)]

果たして、近年の地域づくりに関する動向、少々きつい言い方をすれば〝地方自治、住民自治を愚弄する〟〝持続不可能〟な国の取り組みに対して、栃木県ではどのような地域づくりを進めるべきなのでしょうか。[参考文献(3)(4)]

3 地方自治、住民自治を土台とする地域づくりを

国が音頭取りをしている地方創生は、人口減少への危機感を地方と共有したという点では評価できますが、様々な問題含みであることは指摘したとおりです。

筆者は栃木県に居を構えて二〇年近くになります。その間、一貫した栃木県政への印象は、「国（政府・中央省庁）を見、地域を見ず」というものです。[補注(2)] 国からすれば、

彼らの施策を忠実に実行する優等生なのでしょうが、もう少し県の独自施策を打ち出し遂行すべきではないかと感じています。なぜなら、地方自治、住民自治を基本とする、市町の持続可能性を高める地域づくりを進めるには、栃木県の役割は大きいと言えるからです。例えば、県独自の地域づくりの仕組みづくり、国が示す施策を上手く使いこなす指南役、地域づくりの普及啓発、市町間の連携の構築支援などが県には求められます。つまり、栃木県が地域づくりの主役になるのではなく、県全域を俯瞰しつつ、住民により近い市町の施策を応援し、全体をコーディネートすることが、地域づくりにおける県の枢要な役割と考えます。そのような地域づくりのスキームは県のみで創造できるのではなく、市町および地域住民の意識改革と構造改革も必要となるのです。

近年、県内各地で若者を中心に地域づくりの新しい風が吹きつつあります[補注(3)]。「栃木県の未来を創る力」として大いに期待できる動きです。これらの風が吹き続け、地域に根付いていくにはどうすればよいのか、その環境整備（ハードではなくソフトインフラづくり）をしていくことが地域づくりにおける栃木県の役割の一つと考えます。国への依存体質から脱却していくためにも、是非とも官民協働で進めていきたいものです。

〈補注〉

（1）二〇一五年度末長期債務残高は実績見込みで、国が八四二兆円、地方が一九九兆円

（2）栃木県一般行政経費の二〇〇八年～二〇一四年の比較によれば、県単独事業は九〇・六%、国補助事業は一二九・一%であり、国の事業に追随する傾向が強くなっていることがうかがえます。

（3）例えば、二〇一六年五月三一日現在、県内には六一六のNPO法人があります。また、鹿沼市のネコヤド商店街、真岡市門前地区、栃木市嘉右衛門町、宇都宮市清原地区の光ヶ丘団地商店街などでは、若者が中心となり独自の地域づくりに取り組んでいます。

〈参考文献〉

（1）今村光章『持続可能性に向けての環境教育』昭

和堂、二〇〇五年。

（2）岩本俊彦、笠原祥平「ニュー・アーバニズムの構築と地域活性化」『東京情報大学研究論集』Vol．17、№1、19～42頁、二〇一三年。

（3）森忠彦「各国の地域開発政策と日本の全国総合開　発計画、国土形成計画の推進　～全国総合開発計　画に伴う都市整備と地域開発～」『日本大学大学院総　合社会情報研究科紀要』No.7、243～253頁、二〇〇六年。

（4）小山陽一郎「全国総合開発計画とは何であったのか。【前編】」『土地総合研究』二〇一一年春号、18～32頁）。

〔宇都宮大学教授　陣内　雄次〕

「県民が主人公」の県政へ

――今後の県政の基本方向

総論のまとめとして、今後の県政の基本方向として、三つの視点を提起します。

第一は、中央政府の暴走の歯止めとなる地方政府としての役割を発揮することです。

二〇一二年一二月の安倍政権の成立以来、集団的自衛権を容認する安保法制の制定、アベノミクスという新自由主義的な大企業の利益優先の経済政策、農業の崩壊をもたらすTPPの推進、低所得者の負担増となる消費税増税、社会保障の負担増、地域間格差を拡大する地方創生政策の推進、原発再稼働の強行など、県民生活に直結する諸問題について、まさに「暴走」といえる強権的な政治を進めて、地方自治を弱体化し中央集権体制を強化して「軍事大国化」への道を進んでいます。こうした中央政府の暴走に対し大日本帝国憲法で戦争への道を止められなかった反省から、日本国憲法は独立した章として「第8章地方自治」が設けられました。

この憲法が定める「地方自治の本旨」に基づいて組織されている地方自治体としての県は、憲法を遵守し、緊急事態条項の創設など安倍政権の憲法改正に反対の声を上げ、強権的な政策推進の歯止めとなって、県民の人権と生活を守る役割を果たす必要があります。

しかし、現福田知事は、二〇一五年六月県議会において、安保法制についての質問に対し「国の外交や安全保障の問題に関しましては、国会の場において、国民の代表者である国会議員によって十分に議論を重ね、国民の理解を得、国の責任において判断されるべきものであると考えているところでございます。」（栃木県議会第二三〇回臨時会議議事録）と答弁するなど、安倍政権の強権的な政治にたいしての態度表明を避けています。

また、ＴＰＰによる県農業への影響についても独自の推計をする県がある中、国の推計方法をそのまま栃木県に置き換えるだけとか、地方創生総合戦略「とちぎ地方創生１５戦略」でも、名称は独自性があるものの、中身は国の総合戦略に追随するものとなっています。

第二は、県民生活を守り向上させることを何よりも優先させる政策を推進することです。

二〇一五年一〇月の県政世論調査での県民の県政への要望は、一位から五位は「高齢者福祉対策」、「医療対策」、「雇用の安定と勤労者の福祉」、「消費生活の安定」、「子育て・少子化対策の充実」となっています。さらに、昨年の関東・東北豪雨等近年頻発する自然災害対策やムダな公共事業、公共性を放棄するＰＦＩの導入など民間委託の見直しなども必要です。

こうした県民要求に対して、国の制度の活用にのみ頼るのではなく、都道府県で一桁台の財政力を活かして県民生活の実態に即した県独自の施策を推進することが求められています。この点の具体的な施策の提言は、第Ⅱ章の各論でおこないます。

第三は、住民自治を土台にした地域づくりを進めることです。

市町村と比べて県政は住民からは遠い存在といえますが、地方自治の本旨に基づく地方自治体に変わりはありません。本書で陣内氏が紹介しているように、県内各地で若者を中心に地域づくりの新しい風が吹きつつあります。こうした住民自治の新しい力にも依拠し、市町の地域づくり・まちづくりと連携して、県が広域的に補完・調整しながら支援していくことが必要です。

国が進める地方創生政策は地域総合戦略で市町村を競争させながら業績評価指標（ＫＰＩ）の達成度で「やる気のある」ところは支援していくという選別政策です。競争のみ煽れば必ず地域間格差が生じます。そうではなく、市町間の連携や災害対応では県域を越えた相互援助など共同による地域づくりを県が支援するという関係のなかで、住民自治を土台にした「県民が主人公の」の栃木県づくりを進めることが必要です。

〔当研究所副理事長兼事務局長　佐々木　剛〕

第Ⅱ章

各論　県政への提言

栃木の工業・商業

栃木の工業

栃木には日産自動車の主力工場である上三川工場があります。一九九九年に経営危機に陥っていた日産自動車に手を差し伸べたのは、フランスの自動車会社ルノーです。その時にルノーから送り込まれたのは、当時弱冠四十五歳のカルロス・ゴーン氏でした。彼はすでに経営者としては、別名コスト・カッターと呼ばれるほどに手腕を諸外国で発揮していました。たとえば彼が係わったベルギーのルノー工場を閉鎖するに当たっては、ベルギーとフランスとの間での、国際問題になったほどです。日本においてもそれは遺憾なく発揮されました。たとえば日産の武蔵村山工場の閉鎖に当たっては、それは表立った反対はなく、粛々と行われ、先のベルギー・ルノー工場の閉鎖との違いを際立たせました。日産の再建に当たっては、日本的経営の柱である『系列』切りが行われました。それはのちほど取り上げます。

さて栃木の工業事業所数は、二〇〇一年に六、五五三あったものがほぼ毎年減少して、二〇一四年には四、三五四にまで減っています。従業員数も二一一、一六六人が一九〇、一九一人に減少しています。事業所数四、三五四のうち、三〇〇人以上の事業所数は、全体の二・四%ですが、従業員数の三五・八%、製造品出荷額の半数以上五六%を占めています。違った視点からみると、一〇〇人未満の事業所数は全体の九一・七%を占めていますが、従業員数について見ると四〇・四%です。製造品出荷額では、一〇〇人以上の事業所で、全体の七七・

六％を占めています。

二〇〇七年夏以降のサブプライム・ローン問題に端を発したアメリカの金融市場の混乱は二〇〇八年九月のリーマン・ブラザーズの破綻によって世界不況へと突き進みました。特に二〇〇八年第一4半期以降のユーロ圏、イギリス、アメリカでGDP成長率がマイナスに転じました。この時期以降世界経済のマイナス要因は栃木経済にも波及して、二〇〇五年九兆五三、八八三億円であった二次産業の生産額が二〇一一年には八兆四、〇〇三億円へと一一・九％減少しました（二〇一一年栃木県産業連関表《二〇一六年三月発行》栃木県）。国内全体でみると国内経済を復興させようとする動きは、労働者の正規雇用を減らし、非正規雇用を増やすという労働コスト削減に突き進みます。県内でもキャノンの偽装請負の問題が表面化して非難を受けました。

二〇〇四年国内労働者総数は漸増していますが、そのうちに占める非正規労働者の数は一貫して増加、二〇〇四年に全体労働者の三〇％台に突入した後は徐々に増え続け、二〇一六年度、二〇一七年度と三七％台を推移していま

す。その数は、正規労働者三、三〇〇〇万人に対して非正規一、九八〇万人という異常な高さです。栃木県も、三四％程度の非正規雇用者がおり、そのうち二四％程度が、パート・アルバイトです。

栃木県は東京から一〇〇キロ圏で、高速道路網も鉄道も整備されており、大企業の立地条件は良いので、多くの企業が進出しています。大企業の事業所があることは地域の雇用確保の点から悪いことではありません。栃木県には一、〇〇〇人を超える従業員を抱える事業所、工場が一四あり、それらはほぼすべてが本社を県外に置く企業です。ちなみに、上三川の日産自動車栃木工場は四、〇〇〇人を超える従業員を抱えていますし、キャノンは技術研究所を含めて、清原工業団地に立地させていますが、キャノン宇都宮工場一、七七八人、キャノン宇都宮光学機器事業所一、八八五人、キャノン光学技術研究所一、〇〇六人の従業員を抱えています。いま台湾企業への売却を含めて、いろいろと取りざたされているシャープ栃木工場には一、一〇〇人、中島飛行機の流れをくむ富士重工宇都宮製作所は宇都宮に［航空宇宙カン

パニー」を置き、航空機関連の事業を行い、一、六七六人の従業員を擁しています。また本田技術研究所、ブリヂストン栃木工場、コマツ小山工場などがあり、近年の話題ではファナックが一四年九月壬生に用地を取得しました。

ただし、大企業には適正な税金を支払ってもらう必要があります。ちなみ四兆円ほどが大企業の税優遇に使われ、また政府は来年度法人税を三一％弱にまで切り下げる方針です。

大企業が工場を構えることは、時として大きな危険をはらんでいます。さきにも述べましたが、一九九九年日産の経営危機に対してその株式の三分の一を取得して経営権を握ったルノーから送り込まれたカルロス・ゴーンは大胆な系列切りを行い、日本的経営の一角をなすわが国の系列システムの崩壊であると問題になりました。そのように、大企業の経営危機で関連、下請け会社が影響を受けることは考えられます。たとえば日産の場合、一九九九年にあった関連会社は七〇八社でしたが、二〇〇四年三月末で二四七社にまで減りました。すなわち四六一社が系列から切り離されたのです。たとえば完成車輸送の「ゼロ」は、ＭＢＯという親会社が保有する株式を子会社の経営陣が買い取るという方法で独立しましたが、そのさい大幅に賃金も切り下げられました。また「ゼロ」に対して日産本体は二五～三〇％の料金切り下げを提示・実施しました。生産物流の「バンテック」は、二、〇〇〇人いた従業員のうち五〇〇人を切り捨てました。同じくこの時期今日結果として成長したキリウ、栃木富士産業などが系列から離れて自立しました。

今経営危機に陥ったシャープ矢板工場も、さきに述べたように一、一〇〇人の従業員がいますが、工場の存続を含めた去就が注目されます。ひとつの大工場の去就は地域経済に大きな影響があります。シャープの下請けは、県内に一〇二社（一次一八社、二次八四社）、一億から十億の売上依存をしているのが六二社あるのが現状です。

栃木には、全国規模の企業の工場が立地していますが依然として誘致企業に比して地元企業が多いのです。たとえば、二〇〇〇年誘致工場七五九《製造品出荷額五

三、三六六億円》に対して他事業所六、三〇八（同二三、二八〇億円）でしたが、二〇一四年には誘致工場六八二（同五七、一二六億円）、他事業所三、六七二《同二五、八一二億円》となり、この一四年間に、誘致企業は約九％減っていますが、誘致企業以外の事業者は五八％減っているのです。これから言えることは、中小企業が多い地元事業所は淘汰が進んでいると言えます。

ちなみに誘致企業の製造品出荷額等の構成比は、輸送機械二一・八％、飲料・たばこ一四・三％、化学九・九％、生産機械六・一％、電気機械五・三％、プラスチック五・五％などとなっており、比較的産業が集積しています。以上と関連して、栃木は誘致大企業に対して協力工場、下請け工場が集積しており自動車や航空宇宙産業で以下のような振興協議会を組織、協力関係を維持しています。特に栃木の地域事業所は、五三・二％が誘致企業の下請け的地位にあります。

「とちぎ自動車産業振興協議会」という組織は、いすゞ自動車栃木工場、日産自動車栃木工場、本田技研工業栃木製作所、ホンダエンジニアリング、ホンダ技術研究所R&D、日立金属真岡工場、GKNドライブライントルクテクノロジー、神戸製鋼所真岡製造所、キリウ、ジョンソン・マッセイ・ジャパン、が顧問を務め、それに協力する一四〇社以上が名を連ねています。おなじく、「とちぎ航空宇宙産業振興協議会」は富士重工、富士通那須工場、東京計器那須工場、UACJ鋳鍛、神戸製鋼所真岡製造所が顧問を務め会員企業は一七七社あります。もちろん地域発祥の、包餡機のレオン自動機や医科・歯科の医療機器メーカー、マニーなど独自技術で市場を席巻している企業もあります。地域経済の考察に当たっては、中小企業の問題を正面から見据えなければなりません。なぜなら地域経済を支えるのは中小企業であり、統計的にも日本のほとんどの企業は中小企業だからです。

さて、「とちぎ創生15戦略」（二〇一五年一〇月）は、地域の企業支援として、①異業種間の交流促進等による新製品、新サービス開発や販路開発、②経営力向上や創業、第二次創業、事業承継に対する切れ目のない支援、地域中核企業の掘り起こしや成長促進、④ジェトロ栃木貿易情報センターと連携した海外展開支援の強化などを挙げています。

さてそれに対して予算処置がどのようになされるのか、すなわち計画は予算と表裏の関係だからです。またそれを支える組織・制度をどのように構築するのかが現実的に可能かが明らかではありません。

とはいえ、東京から一〇〇キロ圏で高速や国道四号線など道路網も整備され大企業の工業立地に優位の栃木県においては、それらに依存するだけではなく、とくに事業分野で競合しない独自の分野を持った地域工業にとっては地域に固有の産業の発展可能性があります。そこでは地域工業経営者の主体的努力、地域工業者間の協働、中小企業者同友会等の情報共有、地域産業育成に関する行政の役割、地域を理解する専門家の養成、地域金融機関の実態を理解した融資、県独自の地域産業振興の諸施策の提言と実施を必要としていると言えます。

栃木の商業

地域商業も売り上げが年々減少して、東武百貨店宇都宮の売上高は一九九八年を起点にすると現在の時点で約四割売り上げが落ちています。商業は、工業以上にわれわれの生活に密着しています。多くの家庭が、毎日の食生活を中心に近くの小売店、スーパーマーケットに依存しています。長い歴史の中で、小さな個人商店が廃業して、コンビニエンスストア（以下、「コンビニ」と略）やスーパーマーケットにとって代わられています。イトーヨーカドーを中核として発展してきたセブン・アンド・アイ・ホールディングは、その傘下に、西武、そごうという百貨店を持っています。最近のニュースでは、西武筑波店、西武八尾店を閉鎖して、経営資源をセブン・イレブンに集中するという決定がなされました。

さて我々の現在の街づくりはどのように行われているでしょうか？　街づくりのスパンは二〇年ぐらいで見るとよく分かります。古い話になりますが、今をさかのぼること二七年の一九八九年のことです。経済的に行き詰ったアメリカがその生き残りをかけたといわれる「日米構造協議」が開かれました。そこでのアメリカの対日要求時間は一五〇時間、日本の対米要求時間は三時間に過ぎませんでした。アメリカの要求は「ダンゴウ（談合）」、ズイケイ（随契）」、「ケイレツ（系列）」などいわゆる「日本的」といわれるものがほぼ全て要求の対象になりました。その中でも「日米構造協議」の重点は、以下の三点でした。

①「大店法」全面廃止要求

②「独占禁止法」系列など旧来の商習慣にメス

③「公共事業」建設市場開放

この三番目は当時取りざたされていた「首都機能移転」が、アメリカにとっては最大のビジネスチャンスだったのです。

そして、「日米構造協議」は当時あった「大規模小売店舗における小売業の事業活動の調整に関する法律」（以下「大店法」と略称する）の規制緩和の発端となりました。八九年の第二回会議では、流通に関してアメリカは「運輸網などの社会的基盤の整備、大店法および通関等の過剰な規制の緩和、反競争的な系列取引・流通慣行の改革、輸入促進案の実行」を挙げ、わが国政府の具体的政策の実行を要求しました。その結果、「大店法」は九〇年、九二年、九四年となし崩し的に「規制緩和」がなされました。当然のようにそのことはまたわが国の大規模店にとって追い風となりました。たとえば栃木県内では、大型店は八九年度末の二八九店が九六年度末で四九七店と一・七倍に急増しました。地域商工会議所は地域づくり、街づくりに、そして地域商工業者は生き残りに一生懸命ですが、その努力を、アメリカ政府が、そしてそれと考え方に於いて軌を一にする日本政府、当時の通産省（経産省）が押さえ続けている構図が浮かび上がってきます。

さて少子・高齢化の進展ということも踏まえて、この問題を考えます。すなわち我々の生活環境はどうあるべきかということを共に考えてみたいのです。諸外国では、わが国と全く反対の取り組みが行われているだけではなく、それが主流であることが分かります。すなわち、そこに生活する人々が主役であるという視点です。

この問題に関して、一方は規制緩和を、他方では規制強化という全く正反対の政策をとる国の事例を取り上げ、国民の選択とはどのようにあるべきかを見てみます。

我が国においては大店法が、フランスにおいてはロワイエ法が大型店の出店に関する法律として、七三年に制定されています。その目的は、両方とも「消費者利益保護、中小小売業擁護、国民経済進展への寄与」です。その後の推移は両国とも大型店出店の増加でした。それ以降が正反対の途を選びます。九〇年に至って、わが国は、「日米構造協議最終報告について」（九〇年六月二八日閣議了解）を踏まえて限りない規制緩和の途を選択します。

それに対してフランスは、九〇年一二月国民議会で大型店の出店規制強化にむけた「ロワイエ法」改正案を承認、三一日付で公布されました。このように日仏両国では全く正反対の政策がとられました。

フランスでは、日曜日にデパート、大型スーパーが一斉に休業します。ボンマルシェというデパートはパリ左岸にありますが、それは世界最古のデパートです。デパートという業態を生んだフランスは、断固として、デパートの日曜営業を認めないのです。

法的規制は次のような形で現れます。八九年にスウェーデンのイケアが、九〇年にイギリスのバージンが日曜営業に踏み切りました。それに対して労働組合が提訴。フランス司法当局は日曜営業一回一店舗に付き、当時の貨幣単位、レートで、二〇〜六〇万フラン（四二〇万円から一、二六〇万円）の支払いを命じ、イケアは営業を停止しました。

さてわが国ではどうか？　野放図な大型店の出店が続き、しかも大型店は郊外立地が主流となり街中の空洞化が進んでいます。零細小売業は廃業を余儀なくされたり、立地に恵まれたところは、コンビニエンスストアに用地提供や転業をし、二四時間営業を、また大型店も元旦を含めて三六五日営業、年中無休、終日営業というわが国小売業の姿があります。そこには商業労働者の労働強化、過度のエネルギー消費の実態が垣間見えます。

とくに九三年一月、当時の通産省から都道府県知事あてに出された通達「出店等に地方公共団体の独自規制について」によって、国は自治体が地域の特性に応じて出店規制を行うことを禁じました。すなわち地域がその主体性を発揮する可能性は失われたのです。少なくとも

「街づくり」の観点からも、地域の自主性が認められるべきなのは当然にもかかわらず、日本政府が外圧に屈したのです。

結局、「大店法」は廃止され、出店を環境問題に限って規制する「大規模小売店舗立地法」が制定されました。客観的には、環境問題の生じにくい郊外に広大な面積を持つ大型店が集積することになりました。宇都宮でいえば、高速道路の上三川インターチェンジ周辺に広がるショッピングセンターです。自動車中心社会のアメリカを思わせます。郊外が発展し中心市街地が空洞化する。

中小零細業者が限りない被害をこうむり、地域に根差して発展してきた地域資本の大型店も全国資本との競争に敗れ、今や全国資本どうしの競争に到達し、その意味でわが国政府がアメリカの要求に屈し、結果としてわが国の全国資本の大型店の限りない営業の自由を保障する結果が招来されているのです。

今や店舗面積五〇〇平方メートル以下のコンビニだけではなく、郊外大型店も二四時間営業が可能となり、アメリカ型の店舗立地に限りなく近づく条件が整備されました。しかしこれからの少子高齢化社会に向けての施策が今必要です。高齢者が安心して生活できる社会を目指さなければなりません。アメリカ型の車社会ではなく、徒歩または公共交通機関で移動できる社会はどのように可能か。中心市街地に高齢者、若者、あらゆる階層の人々が住むことができる公共の集合住宅を造り、購買力を中心部に集中すれば中心市街地の活性化につながります。

若いうちは郊外に住み、老後は中心部に住む。そのために中心部に公園や広場を整備する。日曜日には、フランスなどのヨーロッパにあるような市場を開設する。人が街に集える社会、それが中世以来ヨーロッパに存在する都市です。その程度のことは自治体独自でできるはずです。

コンビニに経営資源を集中するのは「資本の論理」です。一方で真に消費者に向き合うというのが「社会の論理」です。そこには、営業の自由という私企業の行動を規制することが可能な、行政の権限が必要です。すなわち社会にとって、コンビニ偏重という方向性が社会の発展の方向性と一致するのかを考えるのが大事です。三六五日二四時間営業、それは長時間労働の極みです。また電気を二四時間使用するエネルギー消費、弁当などの廃棄ロスが大きいという現実があります。年齢の高い個人オーナーが多く、コンビニは高齢化社会の中で営業の継続性も不安定です。街づくりの観点からも小売店のあり方を考えることも必要です。

社会の論理で、また住民主権という論理で規制することによって、社会発展の方向が見えてくるのです。現行法制の上では困難でも、二〇年前に、市内豊郷台の住宅地の中に、コンビニ出店が計画され、それを住民の組織的運動で撤退させた歴史もあります。

さてさきに取り上げた西武百貨店はその後業績を上向かせることなく、同社は「そごう」と合流、のちにスーパーマーケットから始まったセブン&アイの傘下に入りました。そのそごう・西武は旭川や柏店を九月以降閉めて、追い打ちをかけるように、西武八尾店、筑波店を閉め、その経営資源をコンビニに集中させようとしています。セブン&アイにとって、セブン・イレブンというコンビニが最も本体の収益に貢献しているからです。

確かに百貨店事業が儲からず、コンビニが儲かるからといって、それが街づくりの中核にあるというのでは、「資本の論理」に『社会の論理』が従属していることになり、地域づくりの観点からの地域の主体性が認められる法整備が必要になります。少なくとも、先にあげた地域における、「出店等に地方公共団体の独自規制について」くらいは廃止して、地域の独自性を発揮させる余地を残すべきではないでしょうか。

〈参考資料〉

栃木県発行統計資料、各社ホームページ、政府ホームページ、新聞を参考資料とした。なお、書籍などは本文中に記載。

〔当研究所副理事長、作新学院大学名誉教授　日高　定昭〕

栃木県の農業政策の動向と課題

1　栃木県農業の現状

　栃木県農業の特徴は、全国九位の農業県であるとともに、耕種・園芸・畜産のバランスがよい点にある。栃木県農業の強みは、①大消費地である首都圏近郊であるとともに、毎年二千万人の観光客が訪れる有利な市場条件、②周辺に加工産業や流通拠点が立地する地理的交通条件、③温暖作物から寒冷作物まで何でも作れる土地柄としての農業自然条件があり、④耕畜園のバランスがよく、高い経営・技術力を持った農業者が分厚く存在するとともに、⑤近年、道の駅に代表される農産物直売所を中心に六次産業化を積極的に推進してきた点にある。全国を見渡しても最も恵まれた農業環境にあるとしてよい。

　しかし、農業環境の悪化に伴い、そうした優位性が崩れつつあるのが現段階である。稲作においては、大規模経営のコストを下回る水準への米価の下落、新規需要米を中心とした拡大する生産調整への対応、および、栃木米の主要販売先である業務用米への主産県を巻き込んだ産地間競争の激化が、大規模担い手層の経営すら脅かしつつあるのが現状である。

　最も成長の期待される園芸においては、イチゴ・トマトなどのプロ型施設園芸においては全国有数の産地を形成しているが、膨らみのある園芸産地としての土地利用型園芸作物や労働集約型園芸品目の広がりが弱く、園芸の担い手の高齢化も問題となっている。

　畜産においては、全国第二位の乳用牛を中心に大規模化が進展しているが、規模拡大に伴う糞尿処理施設への投資がかさむとともに、量的金融緩和に伴う円安傾向がエサ価格の高騰を招き、厳しい経営状態が続いている。

高齢化と人口減少問題も深刻である。栃木県の人口は約二〇〇万人であるが、二〇五〇年には四〇～六〇万人の人口減少が予測されている。農村部はこうした動向を一五年ほど先取りしているといわれており、今現在が高齢化に伴う世代交代と人口減少のまっただ中にある。この二〇年で農家数が八万から五万に減少するとともに、主業農家数は五割も減少している。基幹的農業従事者の六割は六十五歳以上の高齢者であり、世代交代と地域農業の担い手育成が緊急の課題となっているとしてよい。近年、農外からの農業参入も含めて新規就農者が増大傾向にあるが、年間就農者数は二五〇人ほどにとどまり、全員が農業を継続したとしても四〇年後の就農者は一万人程度にまで縮小してしまうことになる。栃木県農業の産地維持のためには、イエの後継ぎとしての後継者育成に依存していたのではその確保が困難化することが予想され、地域的・組織的担い手育成が緊急の課題となっている。

農業担い手としては、家族経営を中心とする個別タイプが主流であるが、認定農業者は全県で七、五〇〇戸、一五％程度に止まっており、特に土地利用型担い手の確保が緊急の課題となっている。経営所得安定対策への対応もあり、栃木においても水田農業を中心に集落営農が二〇〇組織ほど育成されてきたが、経営体として機能しているのはその半分程度に止まり、組織的経営の経営体化や法人組織への成長が課題となっている。

六次産業化をはじめとする農業の付加価値化は、道の駅を中心とする農産物直売を中心に展開し、その販売額も一〇〇億を超えてきたが、すでに直売所は飽和状態となりつつあり、差別化とさらなる高度付加価値化が課題となっている。

以上、栃木県農業の特徴を足早に見てきたが、県では二〇二〇年を目標とした新栃木県農業振興計画（通称とちぎ農業進化躍動プラン、以下新プラン）を二〇一六年三月に策定してきている。節を改めてその特徴を見よう。

2　とちぎ農業進化躍動プランの概要

新プランでは、先に見た農業の現状を踏まえて、「稼げる農業」の育成と「棲みよい農村環境」を両輪とした「成長産業としてして進化する・栃木」をその基本目標としている。数値目標としては、「農業の稼ぐ力」として生産農業所得一、一〇〇億円（現状六八一億円）、新たな活力として五年間の新規就農者数一、七〇〇人の確保（現状一、四二〇人／五年）、「地域の持続力」として、世代交代期に対応した担い手への農地集積率六八％（現状四三％）とかなり意欲的な目標を立てている。

こうした意欲的な目標を達成するために、施策展開の方向として六つの分野においてそれぞれ施策の柱を四つに整理している。第一の「生産力向上対策」では、①園芸生産の拡大、②需要に応じた米麦等の生産、③畜産経営の体質強化、④生産技術の革新である。第二の「担い手対策」では、①担い手への農地集積・集約化、②法人化等の推進、③新規就農者の確保・育成、④女性農業者の活躍促進である。第三の「付加価値向上対策」では、①マーケティング対策の強化、②六次産業化の推進、③農産物の輸出拡大、④新品種等の開発である。第四の「農業・農村の基盤対策」では、①優良農地の確保・耕作放棄地対策、②圃場整備の推進、③農業水利施設の保全管理、④農業災害の未然防止である。第五の「農村振興対策」では、①農村環境の維持・保全、②魅力ある中山間地域作り、③誘客促進等による農村の活性化、④農村資源を活用した再生可能エネルギーの利用である。第六の「消費・安全対策」では、①環境に配慮した農業生産の推進、②食の安全・安心の確保、③地産地消の推進、④食と農の理解促進である。以上、こうした計画の性格上、網羅的な課題整理となっているが、ほぼ政策課題を網羅した課題整理となっているといえる。

以上の課題整理の上で、重点的・戦略的に進める三本柱と七つのリーディング・プロジェクトが示されている。

第一の柱は、「稼げる農業」を目指した「栃木の強みを伸ばす対策」である。具体的には、①新たな園芸生産の戦略的拡大、②国際化に対応した水田・畜産経営の確立、③農産物のブランド力強化と輸出促進の三つのプロジェクトを掲げている。園芸においては、すでにトップブランドを形成しているイチゴ・トマトの競争力強化に加えて、それに準ずる新主力品目の育成、露地野菜や地域特産物の育成を通じた新たな産地作りを目標としている。TPP対策の下での産地間競争の激化を視野に入れて、成長余力のある園芸部門の飛躍拡大と膨らみのある産地作りを目指しているといえる。TPPの影響が大きい耕種・畜産部門においては、集落営農を含む競争力のある次世代型大規模経営体の育成とともに、経営の多角化・複合化による所得向上を目指している。加えて、コントラクターの育成を含めた耕畜連携の部門間協働の積極的推進を目指している。TPPで予想される厳しい市場環境を意識しつつ、世代交代を契機に思い切った生産システムの再編を目指しているといえよう。ブランド化戦略については、ブランド確立に向けた環境作りとリーディングブランドの育成定着を目指すとともに、六次産業化による付加価値商品作りを支援していく方針だ。

第二の柱は、「持続性・成長性」を目指した「明日の農業を拓く対策」である。具体的には、④次代を担う農業人材の確保、⑤新技術の導入などスマート農業とちぎへの挑戦の二つのプロジェクトを掲げている。世代交代期に対応した次世代担い手育成は、就農相談、就農準備、就農後定着支援の三段階に分けた就農支援対策の強化とともに、六次産業化で大きな役割を果たす女性農業者の活躍支援を強化を目指している。スマート農業の推進では、先端的農業技術導入の積極的支援とともに、その普及体制の強化を目指している。

第三の柱は、「棲みよい農村環境」の確立を目指した「農業・農村の価値を高める対策」である。具体的には、⑥農村資源を生かした地域の創生、⑦農の多彩な効用の発揮促進の二つのプロジェクトを掲げている。地域創生対策としては、小さな拠点作り、グリーンツーリズムによる交流人口の拡大、田園回帰を促進する都市農村交流の積極的推進を目指している。農の多彩な効用発揮では、福祉や教育とも連携したユニバーサル農業の推進、消費者と連携した食育や地産地産の推進、安全・安心を目指すエコ農業とちぎの積極的推進を掲げている。

以上、稼げる農業、次世代型農業、農村価値の向上を三本柱に、七つのリーディング・プロジェクトに具体化されている。そこでは、厳しいTPP合意と農政転換の動向を横目で睨みながら、主要三部門の体質強化とともに、農業を連結材とした地域内の連携強化を目指しているといえる。以下、農業の体質強化に向けて、生産対策、販売対策に絞って、いくつかの論点を整理しよう。

3　栃木県農業の生産政策の方向

栃木県農業は、外からはTPP合意に伴う国際化とサバイバルをかけた産地間競争の激化への対応が求められるとともに、内からは高齢化に伴う世代交代の本格化への対応が求められている。

第一に、TPP合意の影響が比較的少なく、成長余力のある園芸部門の戦略的育成が必要であろう。栃木県における園芸は、トップブランドを形成しているイチゴ・トマトを主力に、先進的プロ農家による技術・施設高度化を武器とした施設園芸を主体に展開してきた。しかし、市場出荷型の単品型産地育成では、市場リスク、連作障害、農作業繁閑期の回避が問題となる。また、市場出荷型から契約出荷への移行が課題となり、総合的なニーズに対応できる「ふくらみのある産地」として、複数品目型産地への転換が求められてきている。こうした複数品目型産地育成のためには、園芸導入主体の性格に対応した戦略的な産地育成が求められよう。担い手の性格に対応して、大きくは、①先進的プロ農家による技術・施設高度化を武器としたイチゴ・トマト等の施設園芸とともに、②土地利用型担い手の補完部門として、規模の経済や稲作繁閑期を活用した機収型の露地野菜の戦略的育成、③高齢者や婦人労働に依拠した追加所得型の労働集約・技術粗放型園芸作物の振興が必要であろう。

先進的プロ農家においては、次世代担い手の確保とともに、スマート農業の推進の一環として先端技術の積極的導入が課題となる。土地利用型農業においては、戦略作物の選定と継続的契約型出荷への流通対応が求められるとともに、経営複合化に対応した周年雇用体制への支援と関連機械・施設の組織的導入支援が必要となろう。追加所得型の高齢・婦人層においては、地域特産品の戦略的選定と直売所やインショップを活用した地産地消型流通対応の強化とともに、JA等による育苗・機械作業の補完システムが求められる。園芸導入主体の性格により、推進方策、流通対応が異なると思われ、その戦略的支援方策の具体化が求められている。

第二に、TPP合意の影響が大きい耕種・畜産部門においては、思い切った生産再編に取り組む必要があろう。耕種部門においては、これまで個別大規模経営の育成が主体であったが、集落営農など組織的農業経営体の育成が求められよう。農地中間管理機構や経営所得安定対策の見直しを睨みながら、上に触れた機収型園芸作物による経営複合化を推進しつつ、担い手層のグループ化や集落営農の法人化の具体的推進方策が課題となる。土地利用型担い手育成においては、生産調整への対応として、専用種導入も見据えた新規需要米の生産体制の確立が必要であろう。コンタミ防止のためには、新規需要米の固定団地化とコントラクターの育成、乾燥・流通過程における飼料米専用体制の確立など混米防止体制の徹底が求められている。こうした水田における飼料生産の拡大は、畜産との耕畜連携体制作りを不可欠とする。耕畜園を連携させた堆肥の地域循環体制作りとともに、「お米のお肉」「お米の卵」など国内飼料に依拠した畜産物の付加価値化戦略が必要であろう。こうした部門間の連携体制作りのためには、コントラクターやTMRセンターなどの生産補完組織の育成とともに、飼料と堆肥の配送体制作りが求められる。

4　栃木県農業の販売・付加価値化戦略の方向

栃木県農業は、これまで首都圏の台所として、市場出荷型の生産基地化を目指してきたが、流通革命の進行に伴い契約出荷や直接販売など実需へのきめ細かい対応を求められてきている。また、飲食費の最終消費額は九〇兆円に達するが、農業生産額は一〇兆円を下回り、生産の取り分は一割程度に止まっている。六次産業化等の推進により、流通過程における加工・販売マージンの戦略的奪還が課題となっている。

第一に、「作る農業」から「売る農業」」への転換の課題である。これまでのプロダクト・アウト型の「作る農業」では、作り方から入り、売り方、実需者の囲い込み方が問題となっていたが、マーケット・イン型の「売る農業」では、契約流通などの実需者の囲い込み方から入り、そのための売り方、作り方が問題となる。発想の順番が逆なのであり、顧客を意識した産地作りへの転換が問題となる。こうした体質転換のためには、市場出荷型に対応して組織されてきたＪＡの部会組織の改善と、地域における仲卸機能（集荷・品揃え・小分けパッケージ化・配送などの機能）の強化が求められる。これまでの部会組織は、市場出荷を前提に作物別部会による技術・営農指導、市場出荷を前提とした委託集荷、出荷先の建値格差を調整する作物別プール制、大量生産・大量販売を支える全農任せの販売戦略と特徴付けることができる。市場出荷に対応した合理的システムが形成されてきたといえる。しかし、「売る農業」に転換するためには、同じ作物であっても作り方が変わり、販路や目的に対応した組織化が求められる。また、契約出荷などにより販路別建値が決められ、買取集荷が可能となるとともに、販路に応じたプールシステムへの転換が求められる。また、そこでは全農に補完されつつ、直接販売や地場消費への対応など単協レベルの販売戦略が重要となってこよう。売る農業への転換のためには、従来の市場出荷型の作物別部会を基本としながらも、部会内下部組織として販路別・目的部会を育成し、二階建てないし複線型組織への転換が課題となる。こうした販売戦略の具体化のためには、販売体制改善に向けて県とＪＡが戦略を共有化するとともに、農業団体の戦略具体化と体制整備を支援する体制作りが必要となってくるのではなかろうか。

第二に、六次産業化を支える体制整備の課題である。六次産業化に向けて、加工・販売に組織的に取り組むためには、地域における仲卸機能の確立が鍵となる。契約出荷や直接販売のためには、集荷体制とともに、品揃え・小分け・配送の川下流通に対応した分化機能の確立が不可欠である。地場の仲卸との連携やＪＡのパッケージセンターの機能強化とともに、集荷・配送のネットワーク作りが求められる。こうした地場流通のネットワークは、農産加工の戦略的配置も含めて、集荷センター・パッケージセンター・地域市場・実需者・直売所を結ぶ組織化と戦略の共有化が必要である。こうしたネットワーク化に向けて、県、ＪＡ、市場関係者、地場仲卸業者、直売施設などの情報交換と体制作りが求められているように思われる。

5 おわりに

栃木県農業を取り巻く環境は、外からの国際化対応と内からの世代交代期を迎え、まさにこの一〇年は正念場となっている。この一〇年の対応が、その後四〇年の栃木県農業の姿を決めるといってもよい大激変期である。

栃木県農業を支える個々の経営体の成長とともに、地域という「場」をマネージメントする関連機関の役割は重要である。農業関連機関は戦略を共有化して、三つの機能を果たすことが期待されている。

一つは、地域の農業を一体的なものとして企画・立案・調整する地域農業マネージャー機能である。戦略的販売計画を基軸に、それを支える地域リーダーの育成、計画的土地利用調整システムを支援しながら、農村を一体的なものとして経営・管理する「農村経営システム」の確立が求められる。

二つは、次世代型の農業生産システムを育成・支援する地域農業生産サポート機能である。先の販売計画に依拠した戦略的作付計画を基軸に、オペレーターの組織化と組織的・団地的土地利用を促進しつつ、「次世代型農業生産システムへの再編」をサポートし、加速化することが期待される。

三つは、地域農業の新規分野や事業を起業する地域農業イノベーション機能である。生産と販売過程における戦略的差別化計画を基軸に、地域農業のイノベーターの組織的育成と市民を巻き込んだ共生的な土地利用システムを支援するとともに、農産物の付加価値を高め、流通加工マージンが地域経済を循環するシステムを構築するために、「地域農業総合サービス産業化」へ向けた体質転換が求められる。

戦略共有化と生産補完およびイノベーション機能の司令塔として、農業関係機関が一体となり、栃木県農業の発展を支える体制作りを進めることを期待したい。

〔当研究所理事長、宇都宮大学教授　秋山　満〕

激変する介護保険制度　高齢者の生活は守れるか

――介護保険制度と地域包括ケア　現状と課題

1　介護保険制度の危機

――どこに行く介護保険制度
――危機を迎えた介護保険制度

今五年ごとの介護保険制度改正のたびに、介護保険の給付制限が急速にすすみ「これから介護保険制度がどうなるのか」、多くの県民の中で不安が広がっています。それでは栃木県の介護保険制度の現状を踏まえ、これからの介護保険制度と高齢者福祉の再生の道を県民の皆さんと一緒に考えたいと思います。この小論がそんな一助になれば幸いです。

(1)　すすむ栃木県の高齢化

＊高齢化率
栃木県　二四・八％（二〇一四年一〇月一日）
全　国　二六・〇％

＊独居老人のみ世帯の急増
二三・一％（二〇一五年）
二五・七％（二〇二五年）

＊要支援・要介護認定者
二〇一六年　八六、八二五名（認定率一六・六％）
二〇二五年　一一〇、七七七名（認定率一九・四％）

＊認知症高齢者の急増
二〇一五年　八二、〇〇〇名（出現率一六・〇％）
二〇二五年　一一八、〇〇〇名（出現率二〇・六％）

⑵ 栃木県の高齢者福祉の到達点

① 施設整備の到達点

＊特別養護老人ホーム利用者の推移、施設整備のユニット個室化の到達点、

	広域型特別養護老人ホーム			地域密着型特別養護老人ホーム	全　体		
	全体定員	ユニット個室定員	ユニット個室率	全体定員	全体定員	ユニット個室定員	ユニット個室率
栃木県	7,169名	2,756名	38.4%	1,833人	9,002名	4,579名	50・9%
群馬県	9,394名	3,321名	35.4%	1,027名	10,471名	4,269名	40・8%
茨城県	14,000名	7,093名	50.7%	956名	14,956名	7,950名	53・2%
全　国	529,422名	194,371名	36.7%	50,148名	579,570名	240,385名	41・5%

② 特別養護老人ホームへの入所申込み状況　(北関東比較)

県　名	栃木県	群馬県	茨城県	全　国
入所申込み数	9,253名	8,651名	9,869名	523,584名

③ 特別養護老人ホームの入所申込み者の内訳　(全国集計)

	単位	要支援等	要介護1	要介護2	要介護3	要介護4	要介護5	合　計
全体	人	9,425	67,052	101,874	126,168	121,756	97,309	523,584
	%	1.8	12.8	19.5	24.1	23.3	18.6	100.0

④ 介護保険料の推移

	第一期 (2000年～2003年)	第五期 (2012年～2014年)	第六期 (2015年～2017年)
栃木県	2,579円	4,409円	4,988円
栃木市	2,483円	4,400円	5,100円
全　国	2,911円	4,972円	5,514円

⑤福祉人材不足対策が急務

○現在介護分野の人材不足は深刻で、その主な原因は、

＊アベノミックスで他の産業の採用が好調になってきたこと

＊介護職の賃金が他の産業と比較して平均賃金で一〇万円ほど低いこと

＊介護分野の仕事が排泄介助、入浴介助など比較的きつい労働が要求されること

○ 2025年高齢者人口がピーク時には医療介護分野で120万人が必要

(3) 二〇〇〇年四月より介護保険制度が実施へ

介護保険制度は一年前に実施されたドイツの介護保険制度も参考に、消費税を財源とするか社会保険制度として組み立てるか国会等で議論となり、結局附帯条件を付けて二〇〇〇年四月より社会保険制度として施行する運びとなりました。

〈介護保険制度の光と影〉

○光　これまで介護が家族介護を前提としてきたことから介護を社会化したこと。また、措置の時代では介護が必要になってもサービスを選択できにくく、行政の判断に任せることが多かったことに比べ、介護保険制度では利用者と提供者が対等になり介護サービスを原則自由に選択が可能になりました。同時に介護保険が出来て利用が大幅に進んだことです

○影　介護サービスが事実上　商品になったこと。自己負担がどんどん増え良い介護も金次第という傾向が進みました

介護への国の責任が大幅に後退し、介護理念が自助を基本に互助、共助がそれを補完し公助が最後になりました。事実上国の介護への責任放棄がすすめられ、福祉の自助（自己負担化）と福祉の市場化・産業化が進み始めました。

特に在宅サービスは民間事業者が大幅に参入し提供される介護サービスの質が担保されないまま推移する事例も報告されています。

(4) 五年ごとに激変する介護保険制度

①二〇〇六年の改正　──理念　施設から在宅へ

○その特徴は　地域密着型サービスと介護予防（要支援1，2の新設、自己負担化（ホテル代──部屋代、食事代の徴収）が導入されました

また、要介護1を要介護1、要支援1、要支援2に要介護認定の変更を行い、要支援1，2を介護保険サービスの適用から排除しました

②社会保障と税の一体改革は社会保障切り捨ての道

──この法律は二つの法律で構成され一つは「消費税増税等の税制抜本改革法」ともう一つは「社会保障改革

推進法」です。

○この法律の本質は社会保障に名を借りた消費税増税導入が狙いです。つまり、社会保障を解体し、消費税は増税するという二つを同時進行で進めることを目指したものです

○社会保障の理念を「国家の責任で生存権保障」から「みんなの責任で自立支援を」に根本的に転換し、社会保障財源を「みんなで公平に負担する」消費税に事実上限定しています

○この方針では完全に国の責任を放棄し社会保障の充実は際限のない消費税のアップに道を開くことになります

③二〇一四年国は医療介護総合確保法で医療と介護の一体的給付削減に着手

社会保障と税の一体改革法にもとづき翌年プログラム法が施行され二〇一四年六月に医療と介護を一体的に改革する狙いの「医療介護総合確保法」が成立しました。この法律は　医療給付を削減する為できるだけ早く病院（医療）から患者を追いだし、介護に回すという内容で、「医療を川上」「介護を川下」に例え「川上から川下」にどんどん患者を流すという効率化がもっぱらの内容です。

④社会保障分野の大改革（骨太方針二〇一四）

これらを具体化するため二〇一四年六月　安倍内閣は「経済財政運営の基本指針」（骨太方針二〇一四）を閣議決定し、これに基づき消費税一〇％の増税、大企業への法人税実効税率引き下げの中心的財源として社会保障費を毎年三、〇〇〇億円～五、〇〇〇億円を削減するという内容で医療・介護の給付制限を進めています。今年一二月までに国の社会保障審議会で取りまとめ来年一月からの通常国会で審議する予定です。

〈社会保障審議会に国が提出した給付削減の内容〉

○医療分野

＊七十五歳以上の患者負担を一割から二割へ

＊市販品類似薬は全額自己負担

＊かかりつけ医以外の受信は受診時定額負担（百円～数百円）

＊すべての病床で入院時の居住費（水光熱費、月一万円程度）

＊診療報酬のマイナス改定

○介護分野
＊利用料の二割負担（当面六十五歳〜七十四歳まで二割、引き続き七十五歳以上を二割負担に）
＊要支援、要介護1、2の生活援助、福祉用具、住宅改修の原則自己負担
＊要支援に続き要介護1、2の訪問介護、通所介護を介護給付から外し市町村事業へ
＊介護認定率の全国比較を踏まえ引き下げる
＊介護報酬の更なる報酬マイナス改定
⑤二〇二五年をめざす社会保障分野の市場化、産業化の促進
国は新たに二〇三五年団塊ジュニアが高齢化入りすることを見据えて社会保障への国の公費支出をさらに削減するため医療介護をはじめ社会保障分野を市場化し、新たな産業分野として大手の民間事業者の参入を促進する方向に大きく舵を切りました。

（5）どうなる介護保険制度――厚生労働省が検討していること

①増える介護保険料未納者
現在介護保険料が約五、〇〇〇円近くになりましたが低所得高齢者が増加し昨年の厚生労働省の調査で全国で約一三、〇〇〇人の高齢者が介護保険料を支払えず介護保険サービスを受けられない状態が生まれその数は年々増え続けてきています。

厚生労働省によれば介護保険料は二〇一五年までに全国平均で月八、〇〇〇円を超えると試算しています。これ以上の介護保険料となれば支払いが益々困難となる高齢者が増えることとなります。
②国の当面する介護保険制度財源
国の持ち出し（国の公費負担率は二五％）は現状のままにして介護保険制度を維持するため。
○所得の一定ある高齢者の二割負担化
○当面六十五歳〜七十四歳まで利用料金二割負担（次は七十五歳以上二割負担化）
○第二号被保険者の年齢を二十歳まで拡大すること
○経団連の国への要求は介護保険制度財源として消費税を当て、消費税一〇％から一八％へと段階的に引き上げることが検討されています
③究極の介護保険制度の行き着く先―地方分権改革のもとで

市町村の一般財源化

特集インタビュー「これからの介護保険を考える」（月刊福祉二〇一二年五月号）元厚生労働省老健局長　宮島俊彦氏談

「現在の介護保険の費用の内五〇％（国は二五％のみ負担）が公費負担ですからこれ以上が公費となると保険の制度とは言えなくなり介護保障制度という要素が強くなり、その時には財源は完全に一般財源化する議論となる。市町村が一般財源で介護を行うという究極の地方分権制度になります」。

(6) 介護保険制度の再生の道

今介護保険制度の大幅改正や給付の削減が検討される中、介護保険制度設立の理念を堅持し、引き続き必要な人に必要な介護サービスが提供できるように栃木県とし緊急に取り組む課題について次のように提案致します。

――基本的な考え方――

国の極端な施策により大量に作り出される医療・介護難民を救済するため、栃木県は改めて憲法11条、13条、25条に基づく県民生活の安定を基本にした福祉理念に立ち戻り、必要な人に必要なサービスが提供できることを福祉の基本姿勢にし諸福祉計画を推進をされることを強く求めます。

①緊急提案Ⅰ

○特別養護老人ホームの待機者（全国五二万人、栃木県九、二五三人）に見合う施設整備を全国知事会等を通じ国に緊急要請すること

＊その際、要介護1～2を機械的に排除することなく家族介護の状態や認知症等の状態などを総合的に評価し入所対象者とすること

○入所希望者の内低所得高齢者も多く増設計画には多床室の整備を積極的に盛り込むこと。その際東京方式にならい将来個室に転換できるよう可動式で建設すること

○第七期介護保険整備計画（二〇一八年～二〇二〇年）には二〇床から三〇床の増床を積極的に推進すること

＊理由　二〇一四年度介護報酬が全体では二・四％削減されましたが、特別養護老人ホームでは五・七％削減された為人員削減をはじめ経営への深刻な影響

が出始めています。栃木県は、これまで特別養護老人ホーム建設に当たり比較的広く用地が確保できることから広域型では五〇床特養を基準に計画を指導してきました。こうした事情を考慮し建設費の効率化、規模の拡大による経営の安定化をめざし既存の特養の二〇床～三〇床の増床計画を積極的に推進すること

②緊急提案 Ⅱ

○二〇一六年末に予定される社会保障費の伸びを三、〇〇〇億円～五、〇〇〇億円削減する計画の見直しを国に求めること

＊理由 これ以上の大幅介護保険制度の改正は事実上「介護保険制度あってサービスなし」となり介護保険制度の崩壊をさらに進めることになります

＊県議会、市町村議会での見直しを求める意見書の提出が求められています。八月二〇日現在、全国で三重県議会をはじめ二二都道府県一〇六市町村で意見書が国に提出されました

③認知症ケアの推進

認知症高齢者は二〇二五年八〇〇万人とも言われ今や認知症ケアは必須の課題です。県内では認知症専門医が少なく、その計画的育成確保は栃木県の責務であり緊急の課題です。認知症初期集中支援チームの確立など認知症予防のためにも県内の市町村任せにせず県が積極的に関与すること。また、認知症高齢者を家族任せにせず地域で支える土壌づくりに積極的に市町村を支援すること。認知症サポーター養成講座も積極的に指導し、

○行政職員全員、高校、中学、小学校高学年への受講の徹底

○県内の三〇人以上の従業員を持つ事業所では基本的に養成講座を開催することを指導すること

○地域ぐるみで認知荘高齢者の見守りを行えるよう各市町村に「見守り条例制定」を普及すること

④市町村の総合支援事業について

介護給付削減を目的に恣意的に要介護から市町村事業に誘導して無理やり「卒業」させるなどの行為を厳に慎み必要な人に必要なサービスが提供できることを基本に組み立てるよう市町村を指導すること。それらを支えるた

め財政的に必要な場合は県単独、市町村単独で補強する。

⑤深刻な介護人材不足を緊急に改善する為の措置をとること

県内でも深刻となっている福祉人材確保の為、他産業の平均賃金と約一〇万円低いと言われている介護人材の計画的な処遇改善を国に緊急に働きかえること。

⑥これ以上の介護保険料の引き上げを緩和すること。そのため介護保険財源としての国の負担率を引き上げること

先ず国がやるべきことは　これ以上の介護保険料負担をなくす為、国の負担率を二五%から三〇%~五〇%へと引き上げること。二〇〇〇年の介護保険制度が成立する前は国は五〇%を負担していました。

⑦現在全国で介護保険料を支払えない低所得高齢者が一、三〇〇〇人を超え増え続けています。こうした経済的理由により介護サービスから排除されることは憲法25条の生存権保障に著しく違反することになります。こうした介護保険料未払いの低所得高齢者の救済を至急改善すること

⑧栃木県としてこうした視点に立って、国に働きかえることや、県独自の高齢者福祉施設整備計画や在宅サービスへの支援制度、福祉人材養成支援制度（資格取得支援制度）等を創設すること

2　地域包括ケアの現状と課題——地域包括ケアで在宅の安心をつくれるか

(1)　地域包括ケアシステムとは

①経過　二〇〇三年に発表された「二〇一五年の高齢者介護」（厚生労働省高齢者介護研究会報告書）に始めて登場し、二〇〇五年の法改正で地域包括支援センターが制度化され、そして二〇一一年の介護保険制度改正で主題として「地域包括ケア」が打ち出されてきました

②概要—地域包括ケアについて厚生労働省の概要説明より

地域包括ケアという用語は、その時々で重点が置き換えられてきました。その定義は、高齢者の尊厳の保持と自立生活の支援のもとで、可能な限り住み慣れた地域で生活を継続することができるような包括的な支援サービス提供体制構築を目指す。

1　住まいと住まい方

生活の基盤として必要な住まいが整備され、本人の希望と経済力にかなった住まい方が確保されている事が地域包括ケアシステムの前提。高齢者のプライバシーと尊厳が十分守られている住環境が必要。

2 生活支援・福祉サービス

○心身の能力の低下、経済的理由、家族関係の変化などでも尊厳ある生活が継続できるような生活支援

○ 生活支援には、食事の準備など、サービス化できる支援から、近隣住民の声掛けや見守りなどのインフォーマルな支援まで幅広く、担い手も多様。生活困窮者などには福祉サービスの提供も

〈地域包括ケアシステム５つの構成要素〉

3 介護・医療・予防

個々人の抱える課題に併せて「介護・リハビリテーション」「医療・看護」「保健・予防」が専門職によって提供される（有機的に連携し、一体的に提供）、ケアマネージメントに基づき必要に応じて　生活支援と一体的に提供。

4 本人・家族の選択と心構え

単身・高齢者のみ世帯が主流になる中で、自助（自己負担）と互助（地域の支え合い）をベースに在宅生活を選択することの意味を、本人家族が理解し、その為の心構えを持つことが重要。

③要約すると、中学校区単位の小地域でのケア――地域包括支援センターの役割が決定的に重要

「施設から在宅へ」「看取り期まで展望した在宅生活」の安心づくりが地域包括ケアの目的で、そのために医療と介護、訪問看護、福祉サービス等の包括的支援が受け

られることが条件で、市町村の中学校区単位の小地域で活動を展開します。それらの地域での活動をコーディネートする行政組織が地域包括支援センターです。従って地域包括支援センターの役割が決定的に重要です。

(2) 地域包括ケアの源流

地域包括ケアは日本の現状の必要からすでに全国各地で実践されてきた「医療介護の包括的連携」や先進的地方自治体が工夫して取り組んだ「地域で支える試され済みの福祉システム」です。

その源流の一つは一九八〇年代初頭の山口県御調町みつぎ病院の「寝たきり0」を目標に医療と介護の連携による包括的な提供体制や岩手県沢内村の優れた保健医療体制であり、また有名な長野県佐久病院の地域医療、農村医療の実践にその源流を見ることができます。

(3) 国の地域包括ケアシステム提案の本当の狙い

前述のようにすでに各地で実践され試され済みの医療と介護、地域で支える福祉システムが実践される中で、厚生労働省がとってつけたように突然都合よく持ち出されてきたことに少々違和感さえ感じてしまいます。

介護福祉の研究者は端的に地域包括ケアの本音について、「平成二八年度診療報酬改定内容と今後の介護保険制度の改革」の中で「これら介護保険制度の改正と連結させてみると、地域包括ケアシステムの本質は、コスト軽減にあることが見えてきます」と率直に論じています（月刊老施協ＶＯＬ５４４号　高野龍昭氏東洋大学准教授）。

医療と介護を効率よく連携させること、公助を放棄し自助（自己負担）を基本にし地域の互助で支えさせるなど如何にして社会保障費の伸びを抑えるかその本音が見え隠れします。

(4) くるくる変わる国の地域包括ケア

高齢・障がい・児童等への総合的な支援の提供へ舵を切る

厚生労働省のプロジェクトチームは二〇一五年九月に「新たな時代に対応した福祉の提供ビジョンを発表し次の四つの改革を提案しました。

①包括的な相談から見立てて支援調整の組み立て、②

高齢、障害、児童等への総合的支援の提供、そのための環境整備　③効果的、効率的なサービス提供のための生産性向上、④　総合的な人材の育成と確保です。

さらに、これらを具体化するために、二〇一六年三月に厚生労働省は「高齢、障害、児童等への総合的な福祉サービスの提供」をさらに具体化するために「地域の実状にあった総合的な福祉サービスの提供に向けたガイドライン」と「工程表」を発表しました。

このように地域包括ケアは高齢者を中心とするケアシステムから高齢、障害、児童を含む総合的な福祉システムへと変貌することが求められています。

はたして現在の高齢者支援を中心とする地域包括ケアでさえ、そのシステムは途に着いたばかりで今回の高齢、障害、児童まで総合化したシステムの構築は縦割り行政が染みついている現在の行政機構では横断的なシステム構築は大きな課題に直面することとなるでしょう。

⑸　地域包括ケアの確立の為に

①医療介護費用の削減のために入院日数を極端に縮め患者を在宅生活に追い込み「在宅での看取りまでの生活」を基本とした医療介護システムの構築提案には大いに反対です

本来地域包括ケアとは、施設でも在宅でも経済的理由に関わらず、本人が希望するところで必要な医療・介護・福祉サービスが受けられることが本来あるべき姿です。

②地域包括ケアは一重に「福祉でまちづくり」です

福祉、介護事業所だけに偏らず地域自治区など住民組織との連携が欠かせない。

小地域（中学校区を単位とする生活圏域）内の多様な社会資源（自治会連合会、民生児童委員、地区社会福祉協議会、医療、介護事業所、その他多様な団体）が地域包括支援センターを事務局（コーディネート機能）に連携し多様な福祉ニーズに対応する事です。

その意味で　地域経営の主体としての自治会等住民組織との連携は欠かせない課題です。栃木市のように地域自治区制度を採用しているところでは、連携は必須の課題です。従来の行政組織にありがちな課題別、縦割りの狭い範囲での活動にとどまらず、多様化する福祉ニーズに綜合的に、かつしなやかに対応するが大切です。

③地域包括ケアを確立する上で欠かせない地域包括支援センターの機能の抜本的強化が差し迫った課題です。必要な専門職の配置が不可欠

地域のニーズは多様化しています。こうした多様化と複雑化したニーズの解決に」はコミュニティソーシャルワーカなど一定の知識と技術を習得した専門職の職員の配置が不可欠です。

④地域包括支援センターの機能強化に欠かせない必要人員の配置など地域包括支援センターの運営を支えるに足る必要な財政的措置の見直しが急務です。現状では嘱託職員の配置が多く勤務時間、職員の知識技術等が不十分で正規職員が責任を持って対応できるよう財政的改善が急務です

(6) 介護を巡る二つの道──安倍政権の極端な福祉切り捨て政策に対し高齢者の介護と生活の安定を何よりも優先させる福祉政策に転換させるよう地方から声を上げる

現在の介護分野は前述したように介護理念は、自助(自己負担化)が基本で福祉分野への国の財政的持ち出しを減らすため極端な自己負担化と福祉分野の市場化・産業化がすすめられています。福祉分野でも貧富の二極化、社会的格差が広がり低所得高齢者が急増するなか、現在高齢者への過度な自己負担化が進みこれ以上の自己負担化は限界を迎えています。そのうえ1の(4)で前述している通り当面今年一二月までに国の社会保障審議会介護保険部会で更なる各種介護サービス切り捨て提案が審議されています。

安倍政権が進める極端な多国籍企業最優先の新自由主義的福祉政策を見直し、憲法11条(基本的人権)、13条(個人の尊重)、25条(生存権保障)に立ち返り、すべての高齢者が経済的理由に関わらず等しく希望する介護サービスが享受できることを通じ先ず高齢者の介護と生活の安心が確保できることが今こそ求められています。今こそ国の福祉理念と福祉政策の見直しを求め、そのための福祉財源を確保するよう地方から声を上げていくことが求められています。

〔栃木市地域包括ケア推進ネットワーク　あったかネット会長、当研究所副理事長兼事務局長、社会福祉法人役員　佐々木　剛〕

栃木の子ども・子育て支援の現状と課題

はじめに

新制度が二〇一五年四月に開始されてから二年目に入りました。この新制度を唯一評価できるとしたら「すべての子ども」を視野に入れたことです。一方、少子高齢化、子どもの貧困、待機児童の増加、保育園不足、保育士不足の問題は、解決どころかますます顕在化していることが新制度下の現実です。子ども・子育て支援分野を任された筆者は、保育現場からみえてくる栃木の子ども・子育ての現状を分析し課題と提言を試みることとします。

1　少子化と子どもの貧困

表1は、栃木県幼稚園連合会が県内各市町からの回答をまとめた調査です。実際の集計表には、県内市町ごとの数値がありますが、ここでは合計のみを表示しました。〇歳児の五歳児に対する増減率は、マイナス八・三％です。〇歳児と五歳児の実数差は一、四一六人です。一年平均で二八三人ずつ減少していることになります。

栃木県は、合計特殊出生率の低下傾向は緩和したと発表（表2）しました。しかし、低いことに変わりはありません。

子どもの貧困と格差の問題は、ますます深刻化しています。二〇一四年七月、厚生労働省が公表した二〇一二年時点の「子どもの貧困率」は一六・三％。子どもの六人に一人が貧困のなかに暮らしているのです。下野新聞が連載した「貧困の中の子ども」（二〇一四・一一・一〜

表１　栃木県の５歳～０歳の人口（平成27年５月１日現在）（単位：人）

年　齢	５歳児 H21.4.2 ～ H22.4.1	４歳児 H22.4.2 ～ H23.4.1	３歳児 H23.4.2 ～ H24.4.1	２歳児 H24.4.2 ～ H25.4.1	１歳児 H25.4.2 ～ H26.4.1	０歳児 H26.4.2 ～ H27.4.1	０歳児の５歳児に対する増減率
栃木県	16,997	16,723	16,224	16,095	15,646	15,581	－8.3％

表２　合計特殊出生率（ベイズ推定値）の推移

	昭和58年 ～ 昭和62年	昭和63年 ～ 平成４年	平成５年 ～ 平成９年	平成10年 ～ 平成14年	平成15年 ～ 平成19年	平成20年 ～ 平成24年
栃木県	1.88	1.68	1.55	1.46	1.42	1.45

六・二九　計六〇回）には、県内児童の見えにくい相対的貧困の実態が生々しく報告されました。

子どもを安心して産み育て、子ども自身が安心して育つことができる栃木県にしていくために子ども・子育てに関わる行財政をどう方向づけることが必要なのか。保育に関わる私たちはどう努力していけばいいのか。保護者を雇用している企業も含めて育児世帯の労働環境等の実態を踏まえてもっと真剣に語り合い具体的な対策を講じていくことが今求められています。

2　新制度前後の「教育・保育施設」の推移

そもそも新制度は、保育園不足と待機児童対策がきっかけだったのではないでしょうか。二〇一五年四月に施行された新制度の前後の各施設数の推移と利用児童数の推移（表3）を見てみましょう。

見て解るとおり、認定こども園なかでも幼保連携型認定こども園と、地域型保育なかでも小規模保育事業が急増しています。幼稚園の減少理由は、認定こども園への移行であると容易に推測できます。ただ、栃木県が発表した認定こども園の設置見通しの数値（表4）には達していないという実態も紹介しておきます。

一方、保育園が減っています。利用児童数も同様に減っています。公立保育園の統廃合が進んでいると思われます。では、私立保育園の減少はなぜでしょう。県に問い合わせしたところ、認定こども園への移行によるとの回答でした。

表３　栃木県内の教育・保育施設数

施設形態		2014.4	2015.4	2016.4	増減	利用児童数（人）2014.4	2015.4	増減
保育園	内公立	155	145	138 内２園休止中	-17	12,220	11,339	-881
	内私立	205	195	198	-7	19,751	19,271	-480
合計		360	340	336	-24	31,971	30,610	-1,361
認定こども園	幼保連携型	19	43	63	44	-	8,408	8,408
	幼稚園型	4	8	13	9	（精査中）		
	保育所型	2	4	4	2			
	地域裁量型	0	1	1	1			
合計		25	56	81	56			
地域型保育	小規模保育事業	-	31	47	47	-	307	307
	事業所内保育事業	-	2	7	7	-	52	52
	家庭的保育事業	-	11	11	11	-	29	29
	居宅訪問型保育事業			2	2	（精査中）		
合計		-	44	67	67	-	388	388
幼稚園		195	152	127	-68	29,725	22,384	-7,341
認可外保育施設		189	193	（精査中）	4	2,790	2,905	115

表４　県内の認定こども園の設置見通し

	2014（年度）	2015	2016	2017	2018	2019
合　　計	26（カ所）	55	99	118	120	125
うち幼保連携型	19（カ所）	45	76	90	92	96

「幼保連携型」以外は、「幼稚園型」「保育所型」「地域裁量型」の3種類

栃木県

つまり、新制度には認定こども園と小規模保育事業を増やす制度的な仕掛けが組み込まれているということです。

この表を見て筆者が注目したのは認可外保育施設が増加していることです。宇都宮市の託児施設「といず」の乳児死亡事件を二度と繰り返さないための手立てを新制度が講じているとは思えません。認可外施設を新制度の盲点にしてはならないと思うのです。

３　新制度がもたらした問題

①「保育と教育」は切り離せない

新制度は三歳以上児に対して学校教育を実施すると

しました。三歳未満児に対しては保育を実施するとしました。筆者は、この区分に違和感を覚えます。

ＯＥＣＤ保育白書（Starting Strong Ⅱ 2015）では、保育を「Early Childhood Education and Care（乳幼児期の教育とケア）」と言い表しています。わが国では一般に、保育とは、乳幼児を養護し教育することであると定義しています。

学校教育法では第22条において、幼稚園の目標を、幼児を保育し心身の発達を助長することと定めています。保育園における保育の内容は、厚生労働省の定める保育所保育指針に規定されています。これは、文部科学省が定める幼稚園教育要領と内容の整合性が図られており、就学前教育として保育園と幼稚園は同じ目標を持っているのです。

新制度の根拠法である「子ども子育て支援法」のどこを読んでも「保育」の定義は見当りません。新制度は「保育」から「教育」を切り離し「保育」を意図的に「託児」として扱っているとしか思えないのです。

② 「保育事業の営利化」の心配

新制度が始まる以前から保育園の経営主体に企業の参入が認められてきました。横浜市は待機児童ゼロを目指して企業参入を促進しました。結果、約一〇％の保育園が企業立です。企業が設置経営する横浜市の認可保育園の特徴は、人件費比率の平均が五・三二％（二〇一二年度）です。人件費率四二・八％と極めて低い保育園の報告があります。社会福祉法人立の保育園の人件費率は七〇％～八〇％です。企業は、そもそも営利を目的とした組織です。新制度においては、小規模保育事業等の認可においてさらに企業参入が進むことが予想されます。

③ 「三歳の壁」

小規模保育事業は、定員一九名、主に三歳未満児を受け入れる施設です。三歳を過ぎた時点で卒園となるため次の施設を探して入園しなければならないのです。

④ 「保育料は平等」でしょうか

新制度の各保育施設の保育料は市町が決定します。住む市町によって保育料が違うのです。入園した施設の保育士資格にも差があります。小規模保育事業のA型は、全員保育士資格が必要です。B型は、半数の保育士資格は要りません。C型は、保育士資格者は全くいなくても市町が認可することができます。保育園、認定こども園、そして小規模保育事業A型~C型まで保育料は同じです。

⑤「公定価格」への疑問

公定価格とは園児一人の一カ月の運営委託費のことです。保育園と認定こども園の公定価格の差について熊本県保育協会の試算があります。保育園と認定こども園が同じ一三〇名定員とします。認定こども園には、内1号認定の子どもが一〇名入園すると仮定し、外一二〇名が2号と3号認定の園児です。一方、保育園は2号と3号認定の子どもが一三〇名です。公定価格(運営委託費収入)をそれぞれ計算すると、なんと認定こども園の方が年間一、八〇〇万円も収入が多いとの計算結果が出ました。その差は、認定こども園に対して加算される「副園長・教頭設置加算」「学級編成配置基準加算」「チーム保育加配加算」等によると同会は考察しています。

「すべての子どもに良質の生育環境」を目指した新制度ですが、これでは公平性が保たれていません。ここに認定こども園が増えていく仕掛けの一つがありました。公定価格の格差は大きな課題の一つです。

この他に事務量が膨大に増えた等々、まだまだあるのですが、紙面が限られていますのでこれくらいの紹介に留めることとします。

4 栃木県独自の保育施策の現状と課題

栃木県は二〇〇八年に発表した「とちぎ未来開拓プログラム(試案)」において一九七〇年(昭和四五)から継続してきた県独自の私立保育園に対する補助事業の全廃を打ち出しました。①一歳児担当保育士増員費、②調理員増員費、③障がい児保育費、③認可外保育施設補助事業を「選択と集中」と称してすべて廃止するとしたのです。

とちぎ保育連絡会ならびに保育関係団体は、保育の質の低下を招く補助事業の廃止について強く抗議し県知事ならびに県議会各会派への陳情を行いました。結果、二〇〇九年に実施された「とちぎ未来開拓プログラム」においては、①一歳児担当保育士増員費の補助単価はそれまでの二四九、〇〇〇円／月の約半額の一二六、〇〇〇円／月に減額、②調理員増員費は廃止、③障がい児保育費は国が一般財源化したことを理由に廃止、④認可外保育園補助事業の廃止となりました。

「とちぎ未来開拓プログラム」はいったい何を目指したのか。当時は、待機児童問題も取り上げられ特に三歳未満児の保育ニーズが急上昇していました。国レベルでは、幼稚園も保育園もすべて「総合こども園」にしていくという構想がありました。このまま三歳未満児の受け入れ施設が増加した場合、一歳児担当保育士増員費等は自然増となることは容易に予想できました。したがって、保育関連の県単補助事業の廃止と減額を行う必要が生じていたのではないかと分析できます。つまり。未来開拓ではなく単に保育予算を削るためのプログラムだったと言えるのではないでしょうか。

二〇一六年度現在、栃木県は①一歳児担当保育士増員費、②食物アレルギー対応給食提供事業の二つの補助事業を実施しています。

①「一歳児担当保育士増員費」の現状と課題

一歳児の発達課題は、人間への基本的信頼と安心感を育み心の土台を形成することです。保育園の生活では、大好きな保育士に支えられて、クラスの仲間たちと遊びや生活をともにすることで相手の心を知っていき、自分自身の心を太らせて育ちます。かたことの言葉も豊富になり歌もうたうようになります。

また、一歳児は身体発達を飛躍させる時期です。乳児より行動範囲が広がるため、転ぶなどして怪我をしないよう、一時も目を離すことができません。なんでも「ジブンデ！」したいという自立心も旺盛になります。その子のやりたい思いを受け止め、その子が満足できるような支えが必要です。一歳児保育には熟練した保育士の配置ならびに増員が不可欠です。

児童福祉施設最低基準（国）は、一歳児六名を保育士一名で保育する基準です。栃木県は、一歳児六名を保育士二名で保育している私立保育園ならびに私立認定こども園に対し、増員した保育士の人件費に対して補助金（県1／2・市町1／2）を支給し支えています。

しかし、一歳児担当保育士増員費の補助単価は一二

六、〇〇〇円／月、時給換算では七五〇円です。保育士不足の現在、この補助単価では保育士の確保は困難です。したがって、私立保育園ならびに私立認定こども園は、保育士を確保するために賃金を上乗せして保育士の募集を行っています。

近年、低年齢児の申し込みが増加し、特に一歳児は育児休業明けにあたるために入園児数が急増しています。一歳児を多く受け入れ保育士を増員している施設ほど経営に負荷がかかるという補助事業の構造となっているのです。

②「食物アレルギー対応給食提供事業」の現状と課題

児童福祉施設最低基準（国）では、一五〇名定員まで調理員等の配置が二名です。私立保育園の栄養士・調理員は、安全で豊かな地域の食文化を伝え子どもの心と身体を育む最も基本的で重要な役割を担っています。「食物アレルギー対応給食提供事業」を支えに調理員を一名増員することで、食育の推進、離乳食やアレルギー食への対応など進めることが可能になります。

「調理員増員費」が廃止される過程の中で、保育園給食を支える補助事業の必要性を訴える保育関係者の粘り強い陳情によって県議会が動きました。県議会は「調理員増員費」を廃止する「とちぎ未来開拓プログラム」を採択していましたので、とちぎ保育連絡会から県議会に提出された継続を求める陳情を採択することができないために、新たな補助事業と称して「食物アレルギー対応給食提供事業」を議員立法で成立させたのです。

しかし、補助単価の減額に加え補助負担率を一〇〇％（県1／2、市町1／2）から五〇％（県1／4、市町1／4）へと大幅に後退させました。したがって「食物アレルギー対応給食提供事業」を支えに調理員一名を増員する私立保育園は、補助単価の五〇％の自己負担に加えて実際に調理員を雇用するための賃金上乗せ分の負担を強いられる結果となりました。

また、補助要綱では、九〇名定員以上とあるため、それ以下の定員は対象外です。アレルギー児は九〇名以下の施設にも存在していますので事業の目的に鑑み九〇名定員以下の保育園も対象にするよう改善が必要です。

③「障がい児保育費」の廃止によって県内格差が増大

新制度では、小規模保育施設では障がい児加算（例：一歳児一人一二八、八一〇円）が新設されました。一方、保育園ならびに認定こども園の障がい児保育の制度は見当たりません。「すべての子ども」の中に障がい児は含まれないのか。新制度は、障がい児保育について制度設計を怠っていると言わざるを得ません。

栃木県は、国の障がい児保育費の一般財源化（二〇〇七年）を受けて県単補助事業としての「障がい児保育費」を廃止しました。この結果、県内各市町の障がい児保育費補助事業に格差が生じました。宇都宮市では障がい児一人に一七八、〇〇〇円、鹿沼市では、一六五、〇〇〇円です。一方、小山市、壬生町など補助事業が無い市町もあります。

このような制度環境の中で私立保育園は、障がい児を受け入れ、障がい児の成長・発達を支えてきた実績があります。障がい児保育の質を維持するためには知識と経験の豊富なベテラン保育士の配置が必須です。私立保育園が障がい児保育を行うことで経営に負荷がかかることの無いよう公的支援対策を急ぐ必要があります。

5　佐野市の子ども子育て会議に希望をみる

「佐野市子ども子育て会議」の委員長は、佐野市幼稚園連合会会長・どんりゅう幼稚園小林研介園長。筆者は副委員長に互選され委員長を補佐し会議運営に責任を持っています。委員には、全国認定こども園協会理事・認定こども園あかみ幼稚園 中山昌樹園長、佐野市学童保育連絡会 堀川恵次事務局長が参加しています。他に小児科医、佐野短大教授、幼保保護者、児童委員、商工会、労組等の幅広い分野からの各代表が参加しています。

毎回の会議では、委員長の公平な運営手腕と委員各位の積極性により幅広い分野からの活発な発言がありま す。特に議論が集中し一致を見いだしてきたことは、①各施設の保育（特に三歳未満児保育）の質をどう担保していくのか、②子どもがどの施設に入園しても家庭で育っていても「子ども自身が幸せを感じられる佐野市」にしていきたい、③「佐野市に住んで良かった」「子育てするなら佐野市」にするために広範な分野の方々の関心と力を合わせて進めていきたい、⑤行政力と市民力を合わせて魅力的な佐野市作りをしていく…という方向です。
事務局（佐野市こども福祉部こども課）が設定する会議の他に自主参加の施設見学を兼ねた学習会等を頻繁に開催しています。公式会議ならびに自主参加の学習会等を開催する前には、幼稚園、認定こども園、保育園、学童保育の責任者が議題や討論の方向付けについての打ち合わせを行っています。

佐野市子ども子育て会議主催にて、二〇一五年九月、保育学会会長である和田喜代美東大教授、大豆生啓友玉大大学院教授を迎えて、第一回子ども子育て市民フォーラムを約二五〇名の参加で成功させました。

二〇一六年六月、佐野市議会議員全員の出席のもと、「佐野市の乳幼児保育・教育の現状と課題」と題して、小林どんりゅう幼稚園長、中山認定こども園あかみ幼稚園長、堀川佐野市学童保育連絡会事務局長と筆者の四名がそれぞれの分野の現状と課題について説明の時間をいただきました。さらに今年度、二〇一六年九月、ジャーナリストの猪熊弘子氏を迎えて「保育の質」をテーマにした第二回市民フォーラムを企画中です。

佐野市では、真に子どものための礎になる覚悟をした保育・教育関係者が団結することによって、「子どもの利益最優先に考え合い力を合わせていく」市民の輪が広がり始めているのです。

おわりに

風の子保育園の〇歳児～五歳児一〇〇名の園児たちは、この夏の今、沖縄・八重山を舞台にした絵本「あんぱるぬゆんた」（代田　昇：文　宮良　貴子：絵）の物語と歌（丸山　亜季：作曲）を丸ごと一日中楽しんでいます。保育士たちがホールで沖縄の海や風を歌と布で表現すると小さい子たちはうれしくてはしゃいで大喜びします。大きい子たちは、力自慢のオカガニ、三味線弾きのシオマネキ、料理自慢のノコギリガザミなど個性豊かなカニたちが力を合わせて暮らしを豊かに創って行く物語と自分たちのうれしい生活の実感を重ねて歌や踊りを楽しんでいます。

子どもは、大好きな保育士たちや仲間たちとの楽しい生活の中で〝愛されているという実感〟と〝安心感〟の中で〝自己肯定感〟を膨らませて成長・発達していきます。そして、子どもは〝もっと大きくなりたい〟思いにあふれています。大きい子や保育士たちに〝あこがれ〟て、自ら育つのです。保育士たちは、子どものあこがれを膨らませる豊かで良質の文化を自らの身体をとおして子どもたちに手渡していくのです。保育士の仕事は、遊びや保育園の生活の中に「豊かな本物の文化＝教材世界」を深め広げ創造的に実践していくことです。保育園に「豊かな本物の文化＝教材世界」があることで、子ども、保護者、保育士・職員たちも共感し合いながらともに成長していけるのです。保護者たちは、子どもが保育園で成長しているという実感を持てることで安心して働くことができるのです。

（中略）質の高い乳幼児期サービスによってもたらされる利益は、そのコストをはるかに超える事実を考えると政府の関与は正当化される。

OECD保育白書 Starting Strong Ⅱ 2015

乳幼児の保育に十分な予算を投入することが国家にとって最も有益であるということです。「乳幼児期への投資効果は後年の投資効果より高い」は、今や世界の常識です。乳幼児期の経験の質が人の人生の土台を築くのです。

栃木県の一歳児担当保育士増員費と食物アレルギー対応給食提供事業は、本文にて述べたとおり課題はありますが全国に誇れる補助事業です。栃木県のこの事業は国の最低基準に組み込んでいくべきことです。

保育園に働く保育士・職員たちが専門職として保育・教育を探求し実践できるよう国の最低基準を欧米なみに引き上げ、公定価格（運営委託費）の大幅な改善をすることを求めます。栃木県ならびに市町には、子どもの成長・発達に関わる補助事業の改善を求めます。

はせがわ　いっこう

〔とちぎ保育連絡会事務局長・風の子保育園園長〕

災害から県民のいのちとくらし守る県政に

はじめに

栃木県は二〇一一年の三・一一東日本大震災のあと、毎年のように竜巻、大雪、豪雨などの災害に見舞われました。災害から県民のいのちとくらしを守るために、防災・減災にどうとりくみ、いざというとき被災者をどのように支援するかは、いまや県政の最重要課題といっても過言ではありません。

栃木県重点戦略「とちぎ元気発進プラン」（二〇一六年二月）や「とちぎ創生15戦略」（二〇一五年一〇月策定）では、「地震などの大規模な自然災害リスクが少ない」ことを栃木の優位性として、企業誘致および首都直下地震等に備えた企業等の「バックアップ拠点」として売り込む戦略です。三・一一を経験した後も「災害が少ない県」との認識が変わっていないことに違和感を感じます。茨城県とその沖合などで多発している地震や、県境から三二キロの距離にある東海第二原発の存在を軽視しているように思えてなりません。

現在の栃木県地域防災計画は三・一一やその後の災害などの教訓をふまえ、二〇一四年一〇月に一部改正されました。県、市町、防災関係機関等がとるべき各種災害対策の基本的事項が、水害・風害・雪害、火山災害、火災・事故、震災、原子力災害の六編にわたって定められています。しかし、それがいざ災害と言うときにほんとうに県民のいのちとくらしを守るものとなるのか、被災者の目でチェックし、各地の災害の教訓にてらして検証することが必要です。また災害を経験するたびに改善すべき課題を把握し、実効性のある計画へ拡充することが求められています。ここでは、私が自身が調査したり学んだりしたことを中心に、豪雨災害、広域的大規模災害について述べます。

二〇一五年「関東・東北豪雨災害」への対応をめぐって

二〇一五年の「平成二七年九月関東・東北豪雨災害」は、台風18号の影響により、九月九日から一〇日にかけて県内全域に大雨特別警報が発令され、豪雨により崖崩れや河川決壊・越水などで六、〇五六棟の住家被害が出ました。住家の被害は一六市町におよび、内訳は全壊二二棟、半壊九六七棟、一部損壊二九棟、床上浸水一、一〇〇棟、床下浸水三、九三八棟です（表1）。

災害救助法が栃木市、佐野市、鹿沼市、日光市、小山市、下野市、壬生町、野木町の六市二町に、被災者生活再建支援法が、栃木市、鹿沼市、日光市、小山市の四市に適用されました。被災市町では懸命な救助が行われましたが、災害救助法適用の経験が乏しく、混乱や不十分さも随所に見受けられました。

表1　関東・東北豪雨の各市町の住家被害
（2016年3月24日災害対策本部事務局資料より）

市町名	住家				
	全壊	半壊	一部破損	床上浸水	床下浸水
宇都宮市	1			38	67
栃木市	3	83	3	635	1,990
佐野市			1	1	1
鹿沼市	8	12	20	279	766
日光市	9	110	5	1	221
小山市	1	761		118	549
真岡市					1
大田原市					1
那須塩原市		1		2	18
さくら市					1
下野市				8	5
上三川町					15
益子町					2
壬生町				8	53
野木町				9	245
塩谷町				1	3
合計	22	967	29	1,100	3,938

私は地元宇都宮市・上三川町の調査をはじめ、日本共産党の塩川鉄也衆院議員、梅村さえこ衆院議員、被災市町の議員らとともに鹿沼市、栃木市、小山市、壬生町など何度も現地調査を実施しました。

弱者への配慮欠く避難所

夜間に浸水や河川決壊などが起き、また防災無線なども聞こえないほどの豪雨だったため、避難勧告や情報伝達の遅れが各地に生じ、大きな課題を残しました。また「防災計画」では避難所の備品として毛布や飲料水のほか、枕、床マットなどを備えるとされているにもかかわらず、備蓄がない市町、避難所が多くありました。私が直接被災者から聞き取っただけでも、「胸まで水に浸かって避難所にたどり着いたのに、毛布や飲み水も足りなかった」「避難所も雨漏りしていて、居るにいられず自宅に戻った」などの状況がありました。避難所を視察し「酸素吸入が必要な障害を持つ高齢者が座布団を並べて寝ている」「若い女性が避難所では寝られないと外の車で寝ている」などの状況が確認されたため、改善を求めましたが、対応できない自治体の現状にもどかしさを感じました。障害者、高齢者、女性への配慮などの点は「計画」とはかけ離れた実態でした。一時避難所として民間宿泊施設等を借り上げるなど、避難者の状況に応じた柔軟な対応が必要でした。

住宅応急修理活用されず

災害救助法の適用と住家の被害認定のあり方をめぐっては、同じ災害をうけた茨城県、宮城県と比較すると大きな差異が生じる結果となりました。被害認定のあり方は、二〇一六年四月の熊本地震でも問題になっていますが、罹災証明書の「床上浸水」「半壊」「大規模半壊」「全壊」などの区分は、各種支援制度の適用や、義援金、見舞金等の額に直結し、被災者にとって大問題です。「大規模半壊」以上でないと被災者生活再建支援制度の対象にならず、「半壊」以上でないと災害救助法の住宅応急修理（上限五六万七千円（当時）の現物給付による修理。所得五百万円以下世帯に限られる）が受けられません。

表2は、内閣府資料より抜粋した二〇一五年一一月三〇日時点の被災三県の被害状況です。表3は、二〇一六年二月一九日時点の被災三県の被害状況です。表4は、三県の半壊以上世帯に対する住宅応急修理実施状況です。この表から次のことが見えてきます。

一点目は、「半壊」認定のあり方です。栃木県の被害は

「半壊」が「床上浸水」より少なく、宮城県、茨城県では「半壊」の方が多くなっています。（資料2、3）これは宮城県、茨城県では床上浸水＝半壊と認定されたケースが多いことを示しています。現に、宮城県大崎市では基準となる定義について「床上浸水は半壊または大規模半壊」と明確に広報（写真＝広報おおさき一〇月号別冊ＨＰ版より）に記載され、周知されていました。茨城県常総市も同様の判断を示していました。栃木県はというと、床上浸水しても「二階建てで自宅に居られる場合は半壊にならない」（小山市）「半壊・床上浸水かつがれき等の衝突により外壁が損傷している状態」（栃木市）などと判断していました。

表2　2015年11月30日時点の被災3県の被害状況（内閣府発表より）

住家被害	全壊	半壊	一部損壊	床上浸水	床下浸水	合計
栃木県	24	133	29	2054	3812	6052
宮城県	1	480	365	179	637	1662
茨城県	52	5401		137	3685	9275

表3　2016年2月19日時点の被災3県の被害状況（内閣府発表より）

住家被害	全壊	半壊	一部損壊	床上浸水	床下浸水	合計
栃木県	22	964	29	1102	3934	6051
宮城県	2	572	298	138	727	1737
茨城県	54	5486		185	3767	9492

表4
半壊以上世帯に対する住宅応急修理実施状況（2016年2月末　推計）

	修理実施数
栃木県	0
宮城県	69
茨城県	2261

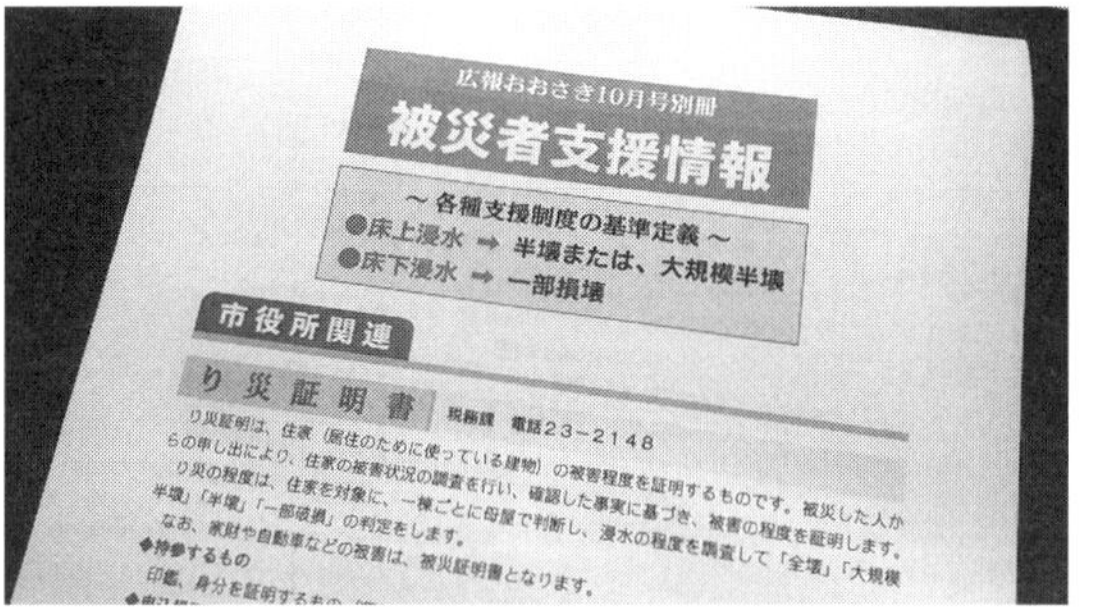

二点目は、住家被害認定と罹災証明書発行業務の遅れです。表2の二〇一五年一一月三〇日時点と表3の二〇一六年二月一九日時点を比較すると、栃木県の数字が大きく変化しています。「半壊」が増加、「床下浸水」が減少しました。これは被害認定が二〇一六年の二月頃まで続いていたことを示しており、再調査によって「床上浸水」から「半壊」に認定が変わったケースもあったと思

われます。問題なのは、それ以前の一〇月末に、すでに栃木県が「住宅応急修理の対象はなかった」として住宅応急修理の申請受付期間を打ち切り、救助の終了を国に報告していたことです。これは二〇一六年一月一三日衆院総務委員会における梅村さえこ議員の質問に対する政府参考人答弁で明らかになりました。

三点目は、市町に対する県の具体的支援の差が数字に現れていることです。茨城県の数字を見ると、一一月三〇日時点と二月一九日時点で大きな差はなく、一一月三〇日時点でほぼ被害状況を掌握していたことがわかります。私は二〇一六年一月二八日に茨城県生活環境部防災・危機管理局から聞き取り調査しました。茨城県は「県からの支援として九月一八日から二八日まで土木部職員一三〇人を常総市に派遣、市職員とペアで戸建て住宅六、〇〇〇棟の被害調査を行った。常総市はアパートなど集合住宅を担当した。これが集中した被害認定と罹災証明書の発行につながった」とのことでした。栃木県では、特に被害が大きかった市で、被害認定の人員不足や、罹災証明書発行に関わる消防、税務などとの連携不足等が生じていましたが、現場の混乱を掌握できず、具体的な支援を行わなかった県の対応には猛省が求められます。

そして表4のとおり、結果として、栃木県では半壊が九六七棟もありながら、住宅応急修理はまったく実施されなかったのです。

その要因をまとめると、被害認定で住宅応急修理の対象となる「半壊」が狭められたこと、住宅応急修理制度がほとんど周知されなかったこと、そして被害認定と罹災証明書の発行が終わっていない一〇月末時点で制度を打ち切ったことがあげられます。

私は二〇一六年一月二八日の茨城県調査で、常総市にも足を運び被災者に直接話を聞き、自宅も拝見しました。床上浸水三〇センチで、「半壊」として住宅応急修理を受け、玄関、床、台所などの修理の一部に充てることができたそうです。「大変だったけど制度が使えてほんとうに助かった」と話しておられました。二階建てで、外壁などに損傷もありません。なぜこんなに栃木県と茨城県で災害救助法の適用に差があるのか、がく然としました。

こうした問題については、現地調査で状況を把握するたびに、その結果をもとに、県や市とやりとりしてきましたが、県は「災害直後に市町の担当者を集め、国から『災害救助事務取扱要領』の説明を受け、適切に運用した」「災害救助法事務を委嘱した市町の問題」と言い、市は「県の判断を伺いながら対応した」と言い、責任ある対応とはいいがたいものでした。災害救助法を適用しながら住宅応急修理制度を活用させられなかった自治体の責任は重大です。

栃木県は二〇一六年三月二八日、「関東・東北豪雨対応検証の結果と防災対策への反映」をまとめました。このなかで様々な問題点、課題が列挙されていますが、「災害救助法等の適用における県の役割」の項で、市町から見た問題点として「災害救助法適用の判断を短時間で行わねばならず対応に苦慮した」「災害救助法や被災者生活再建支援法について法適用の前例がなく、対応に苦慮した」、県の課題として「市町担当職員における関係法（災害救助法、被災者生活再建支援法、激甚災害）への理解促進」をあげました。被災者の視点からも改善点を具体的に掌握し、早急に改善すべきです。

床上浸水への県独自の支援策なし

県独自の被災者支援策については、既存の県版被災者生活再建支援制度（国の支援法適用外の市町の被災者に同等の支援を行う制度）以外にありませんでした。

一方、茨城県や宮城県は特例措置として被災者と市町村を財政的に支援しました。茨城県は被災者生活再建支援制度に独自の支援枠を設け、半壊世帯に二五万円を支給し、さらに県と市二分の一の負担で住宅応急修理の所得制限をなくし所得五百万円以上の世帯にも修理を実施しました。この二つの特例措置は、二〇一六年七月より、自然災害に対する恒常的制度として制度化されました（表5）。

宮城県も被害の大きかった大崎市に四千万円を交付し、市はこれを活用して半壊以上の被災者への修理費補助金を二〇万円から四〇万円に引き上げました。ここでも栃木県は二県に大きく遅れた状況となりました。

表5　茨城県の「自然災害に係る住宅半壊世帯への支援事業」　2016年7月実施

（1）被災者生活再建支援補助事業

対象災害	①県内で被災者生活再建支援法適用の市町村が1以上ある自然災害 ②県内で被災者生活再建支援法の適用がないが、住家全壊被害が1以上発生した自然災害
実施主体	被災市町村
支援内容	支援金の支給
対象	半壊世帯
限度額	250千円（単数世帯の場合3/4）
負担割合	県1/2　市町村1/2

（2）住宅応急修理補助事業

対象災害	災害救助法を適用した自然災害
実施主体	災害救助法の適用を受けた市町村
支援内容	住宅応急修理（現物給付）
対象	資力要件等により法の対象とならない半壊世帯
限度額	法と同額（平成28年度:576千円）
負担割合	県1/2　市町村1/2

負担方法:県および被災市町村の当該年度予算で対応
※(1)茨城県被災者生活再建支援補助金交付要項より抜粋
※(2)茨城県住宅応急修理補助金交付要項より抜粋

県内市町は独自の見舞金、支援金などを支給しましたが、自治体によって差があり、同じ被害程度なのに住んでいる自治体によって支援に差があることは、被災者にとってつらいことでした。こういうときこそ県の出番だと、私は二〇一六年三月の県議会予算特別委員会で「半壊または床上浸水被害に県として独自支援を行うべきではないか」と福田富一知事に質問しましたが、知事は「国に被災者生活再建制度の見直しを要求する」との答弁に止まりました。

被災者の声受け止め、公的補償・支援の拡充を

茨城県でこのような対策が実現した背景には、被災者を中心に、超党派で国や県に働きかけた運動がありました。栃木県でも、被災した小山市民が六月県議会、市議会に「被災者支援に関する陳提書」を提出し、住宅応急修理が実施ゼロだったことを告発、同等の金銭的支援を要望しました。県議会では趣旨採択されるにとどまりましたが、小山市議会では「一部採択」され、市は半壊世帯等の住宅修理費として五〇万円上限の支援を行う条例

制定へ、動き出しました。

今後の課題は、被災者生活再建支援制度や災害救助法を被災の実態にかみ合ったものに見直すことです。被災者への公的補償の制度は、阪神・淡路大震災の被災者によるねばり強い運動により、現在の被災者生活再建支援法が制定されました。その後の災害の度に改善がはかられてきました。栃木県においても、二〇一二年以降相次いだ竜巻災害を受け、国の法の対象にならない災害を支援する県版被災者生活再建支援制度がつくられ、一戸からでも支援対象とする現在の制度へと改善されてきました。

今後改善が必要な点として、①被災者生活再建支援制度の上限を現在の三百万円から五百万円に引き上げ、支援対象を半壊や一部損壊にも広げること、②居住する自治体が法の適用を受けるかどうかで被災者の救援・支援に格差が生じないようにすること、③床上浸水一メートル以上でないと大規模半壊と認められないなど水害の実態にあわない基準と制度を見直すことなどがあげられます。

住宅応急修理制度に関しては、小山市を調査した日本共産党国会議員団が「災害救助事務取扱要領」の「住宅応急修理実施要領（例）」が、「避難所にいる人だけが対象」と誤解しやすい表現であることを指摘、国に改善を求めました。その指摘をうけて二〇一六年四月に、「ただし、対象者が自宅にいる場合であっても、日常生活に不可欠な部分に被害があれば、住宅応急修理の対象として差し支えない」と書き加えられたところです。さらに茨城県が行ったように、国の制度として所得制限を撤廃することなども求められます。

国の制度拡充が急がれますが、それを待つのではなく、県版被災者生活再建支援制度の拡充や、県内全市町で住家被害支援の条例・要項などを策定し県が補助する仕組みをつくるなど、県としてできることは多々あるはずです。被災者への公的補償・支援を拡充することは、被災者にとって切実であるばかりでなく、被災者の定住を促進し、地域の再生にもつながります。県民運動として県・市町への働きかけを強めていきたいと思います。

治水対策の抜本的転換を

茨城県常総市での鬼怒川堤防の決壊を受け、国交省関東地方整備局は鬼怒川上流の四つのダム（五十里、川俣、川治、湯西川）をあわせ「約一億立法メートルの洪水を貯め込んだ」「鬼怒川下流の水位を二五〜五六cm低下させた」などとするダムの有無による試算結果を示しました。（二〇一五年一〇月一三日）

これに対し、水問題研究家の嶋津暉之氏は「鬼怒川は四ダムの集水面積が全流域面積の三分の一を占めており、ダムで洪水調節さえすれば、ほとんどの洪水は氾濫を防止できる河川とされていた。しかし、堤防が決壊し凄まじい被害をもたらした。（中略）上流ダムで洪水調節しても、ダム上流域以外の流域での雨量が急増すれば、中下流は氾濫の危険にさらされる。今回の鬼怒川堤防決壊はその典型例であった」と指摘しました（二〇一五年一一月二〇日「八ッ場ダムを考える一都五県議員の会総会」での講演）。

ダムがあっても洪水を防げなかったのは事実です。むしろ、九月一〇日の深夜から早朝にかけて、川治ダムの越流のおそれが生じ、緊急放流に備えて藤原地域の一八〇世帯に避難準備情報が発令される事態が生じたことを記憶にとどめなければなりません。実際には危機一髪のところで緊急放流は避けられましたが、ダムが満水になると調整機能を失い、かえって危険な存在になることがはっきりしました。

嶋津氏は、鬼怒川は茨城県側の下流のほうが流下能力が著しく不足しており、それが破堤に至った要因だとも指摘します。そして、①鬼怒川のように流下能力が不足している河川では安価な耐越水堤防工法で堤防を強化することが急務、②内水氾濫対策の強化、③「滋賀県流域治水の推進に関する条例」を参考に流域治水を推進する、などを今後必要な対策としてあげています。こうした指摘を参考に、治水＝ダムありきでない河川行政の転換をはかる必要があります。栃木県でも河川合流地点などの堤防強化、河床掘削などの整備、中小河川や農業用水路を一元的に掌握して越水対策を講じること、都市部の雨水排水機能の強化をはかることなどに思い切って予算を投じるよう求めたいと思います。

広域的大規模災害に備えて

栃木県として今後想定される首都直下型地震、南海トラフ地震、そしていつどこでおきるかわからない広域的大規模災害への備えがいよいよ大事です。それには全国の過去の災害から引き出された経験・教訓を学び、防災計画に活かす柔軟な視点が求められます。

その点で、八月一日に行われた「第五八回自治体学校」における西堀喜久夫愛知大学教授の特別講演は示唆に富んだものでした。阪神淡路大震災の現地を三年にわたって調査し、さらに東日本大震災、熊本震災などの調査をふまえた講演で、とくに深く学ぶ必要を感じたのは、災害救助における「地域連携と広域支援の発展」についてです。西堀氏は、東日本大震災では災害発生後から一カ月の緊急対応期には「災害救助法上の救助、救援の主体となる市町村も、それを支える県も機能麻痺に陥っていた」が、「被災市町村に対して全国の自治体からの自発的支援活動が起こった」「自治体連携という水平支援元年ともいうべき新しい災害支援の形が生み出された」「この新しい自治体連携による災害支援の形を発展させていくことが日本の地方自治と有効な災害復興につながると思われる」と述べています。

縦割りでは対応できない部分を水平的に自主的に支援することは、財政出動を伴い、自治体にとって覚悟を要します。それを乗り越えるためには、普段の備えと条例整備などが必要になります。また自ら支援を受ける側になったときのことを想定しておくことも重要で、大規模災害においては広域的な相互後方支援体制について自治体間で合意し、訓練しておくことが大切だと指摘されました。

熊本地震の経験から、生活様式が変化しているもとでの避難所のあり方、若い世帯、ペットのいる世帯などへの対応が必要になってきていることや、住家の被害判定にもとづく罹災証明書の発行業務は、市町村にとって建物解体やがれき処理、復旧工事などが集中するなかで同時に進めなければならないため、外部からの支援を想定しておくべきとの指摘も重要でした。

今後の大規模災害対策を考える大事なキーワードして「受援力」という言葉を学びました。援助を受ける力と言う意味です。自己完結型の支援計画をつくるのでなく、自らできることと支援を受けることを明確にし、行政、市民が具体的に認識することが重要だという指摘です。それは自律性の高い自治体、自治力の高い自治体において可能だということです。助け上手、助けられ上手になるという視点を広域的大規模災害への備えに活かし「地域防災計画」に取り入れることを提唱して行きたいと思います。

おわりに

「とちぎ創生15戦略」のキーワードは「選ばれる栃木」です。「選ばれる」ためには、「自助」「共助」を強調するだけでなく、災害が起きたときどれだけ迅速に救援するか、被災者をどれだけ親身に支援するか、「公助」の質と量は大変重要な指標です。あわせて、災害の危険を無視した開発行為の規制など、経済効率優先でなく防災を重視したまちづくりが必要です。「国土強靱化」に名を借りた不要不急の大型公共事業でなく、大地震や異常気象に備えた防災・減災対策を促進させ、災害につよいまちづくり促進する必要があります。そのために、消防・自治体の人員確保、地域医療と福祉のネットワークの強化も欠かせません。

何としても、いま住んでいる県民のくらしを大事にする防災と福祉のまちづくりで、「住み続けたい」「子や孫にもここで生活して欲しい」と思える栃木県にしたいものです。そのために、住民の安全に責任を負う広域自治体として、市町や関係機関との連携、調整の要として県の役割がいまほど重要なときはありません。そのあり方を県民の皆さんとともに問うて行きたいと思います。

〔栃木県議会議員　野村せつ子〕

ダム建設事業と栃木県政

1　はじめに

戦後におけるダム建設の歴史を遡ると、全国総合開発計画（全総）の根拠法である国土総合開発法（一九五〇年制定）に行き着きます。この法律で、水は、土地や他の天然資源とともに、資源として正式に開発の対象となりました。おりからの朝鮮戦争の特需で電力不足に陥ったことから、当初、ダム開発はもっぱら水力発電のためのものとなりました。その後、火力発電が主となると、ダムは、工業化と都市化の水需要に応ずるためのものと移り、河川法の特別法として、一九五七年「特定多目的ダム法」が成立しました。建設大臣（現在の国土交通大臣）が、計画をつくる決定権を握るとともに、発電、工業用水、水道用水、農業用水、治水などいくつかの目的を持った大きなダムを造ることができるようになったのです。

なお、河川法は、基礎地盤から堤頂までの高さが一五メートル以上のものをダム、未満のものを堰としています（44条1項）。

このようにダム建設の仕組みは一挙に進化しました。その仕上げが一九六一年に制定された水資源開発促進法でした。「開発促進」という名のとおり、この法律により首都圏など人口と産業が集中する大都市圏に水道用水と工業用水を送り込むためのダムや堰、導水路といったコンクリート利水施設計画のパッケージが造られていきました。日本の水資源開発は、ダムだけで行う体制に収斂していってしまったのです。しかも、すべて行政に決定権が委ねられてしまい、国会や住民が口を挟む余地はありませんでした。また、国の補助金で造る都道府県のダム建設も、同様の仕組みのもとにありますので、大から小まで、ダムがどんどん建設され、建設中のダムを合わせると約三、〇〇〇にもなるという状況になってしまったのです。

国、地方自治体の財政が危機的状況になってしまって振り返ると、ダム建設のような巨大公共事業は、その必要性が慎重に判断されるような仕組みをつくるべきでした。

2　三ダム訴訟

栃木県の住民は、二〇〇四年一一月、栃木県知事を被告として、南摩ダム建設を中核とする思川開発事業、湯西川ダム建設事業、八ツ場ダム建設事業への公金支出の差止め等を求めて訴訟を提起しました。これを三ダム訴訟と呼んでいます。また、同じ日に、宇都宮市長および宇都宮市水道事業管理者を被告とする湯西川ダム建設への利水負担金の支出差止めを求めた訴訟も提起しました。こちらは湯西川ダム利水訴訟と呼んでいます。

八ツ場ダムは、現在、利根川上流の群馬県吾妻渓谷に建設されつつあるものですが、利根川本川に接していない栃木県も治水負担金を支払うこととされたため、その支出の差し止めを求めたものです。

民主党政権下で、国土交通大臣の私的諮問機関として設置された「今後の治水対策のあり方に関する有識者会議」の中間とりまとめに基づき、二〇一〇年九月二八日から、ダム事業の検証が行われています。しかし、この検証は、全てのダム建設事業について、進められている作業を一旦凍結して実施するのではなく、「継続して進めることとしたダム事業」（四七事業五五施設）と「検証の対象となるダム事業」（八九事業九〇施設）とに分けた上で、「検証の対象となるダム事業」についても、①用地買収、②生活再建工事、③転流工工事、④本体工事の各段階に分類して、新たな段階には入らないことにしただけで、現段階を維持する作業は続けることとされました。そのため、見直しの対象となったダム建設事業は、三分の二に過ぎず、しかも、対象となったダム建設事業についても、現段階の維持するためということで、事業は進められ既成事実が積み重ねられていきました

思川開発事業と八ツ場ダムは、検証対象となりましたが、湯西川ダムについては、民主党栃木県連が民主党に対して「中止を含む全面見直し」を求めましたが、既に本体工事の契約がなされており、新たな段階はないということで、検証の対象とはされず、建設が続行されることとなりました。

ここからは、栃木県内の湯西川ダムと南摩ダム（思川開発事業）にスポットを当てさせていただきます。

3　湯西川ダムの建設

湯西川ダムは、国土交通省を事業主体として、利根川水系湯西川に建設された多目的ダムで、首都圏の水需要、すなわち利水目的を背景に、一九六九年に構想されたものです。

一九七三年改定の利根川水系の工事実施基本計画では、それまでは、治水ダムとしては、五十里・川俣・川治ダムで完結することになっていましたが、新たに湯西川ダムも治水ダムとしても追加されるに至りました。これは、鬼怒川および利根川本流下流の洪水対策として当初必要がなかったにも関わらず、必要であるかのように治水計画が書き換えられたものでした。

肝心の利水については、当初の計画では、宇都宮市に対し一日最大五二、七〇〇㎥（〇・六一㎥／秒）、茨城県に対し一日最大一二二、七〇〇㎥（一・四二㎥／秒）、千葉県に対し一日最大一三〇、五〇〇㎥（一・五一㎥／秒）の水道用水と一日最大三九、七〇〇㎥（〇・四六㎥／秒）の工業用水の取水を可能とすることを予定しており、ダム堤の高さが一三〇メートル、総貯水容量九、九〇〇万㎥の大規模なダムとされていました。ところが、各自治体における水余りを背景に利水参画量が減少したことから、宇都宮市については二分の一以下、茨城県については六分の一以下、千葉県の工業用水についても二分の一以下に減少させました。

他方で、事業費は、一九八四年度単価で八八〇億円で

あったものが、二〇〇三年度単価で一、八四〇億円と二倍を超える増額となりました。

利根川下流域自治体における都市用水（水道用水および工業用水）の供給実績は、一九九〇年代以降減少傾向にあります。この間の首都圏の人口は増加傾向にも関わらず水需要が減少していることに照らせば、首都圏の人口の減少が始まると更に水需要の減少は加速されることはいうまでもありません。また、宇都宮市の水需要についても、一九九四年をピークに年々減少しています。

なお、渇水対策としてダムが必要であるとも言われることがありますが、渇水時に流量維持のためにダムが果たす役割はあまり大きくありません。

利水の面でも、湯西川ダムの必要性がないことは明らかでした。

それにも関わらず、福田知事は、湯西川ダム建設事業の再評価（二〇一〇年）での県への意見聴取において「本県の治水・利水に大きく寄与することから、一日も早い完成を大いに期待しているところであり、計画通り平成二三年度の完成に向け事業を継続していただけるようお願いいたします。」と述べました。

湯西川ダムは二〇一二年に完成しました。

4　南摩ダム（思川開発事業）の建設

思川開発事業は、高度経済成長期における首都圏の水需要の増大を背景に一九六九年実施計画調査が行われ、具体化するに至りました。南摩ダム予定地は、地形的にはダム建設に適しているものの、小川のような小河川で、流域面積も一二・四㎢と狭く、自流では水を貯めることができません。そこで、水量の豊富な大谷川の水を年平均で約一二、〇〇〇万㎥取水し、直径五メートルもの導水トンネルで日光（旧今市）市から約二〇キロも水を運んで貯水し、かんがい用水および都市用水として最大一七㎥／秒を開発するという計画となりました。これに対し、水没予定地の住民だけではなく日光市の住民からも強い反対をうけ、一九九四年には大谷川からの取水量をこれまでの二分の一に減じるとともに、日光市への都市用水の供給が可能となるよう、途中にある行川にダムを建設するものに改められました。その後も反対運動が続き、二〇〇〇年に大谷川からの取水計画が中止となりました。また、思川開発事業と密接な関係がある鹿沼市に計画されていた県営の東大芦川ダムの建設も地元住民の強い反対で中止されました。

それでもなお、南摩ダムを造るために作ったのが、黒川および大芦川から取水して建設予定の南摩ダムに水を貯めるという現計画です。南摩ダム建設は、独立行政法人水資源機構が事業主体として進めたもので、総事業費は一八五〇億円とされています。

事業計画によると南摩ダムからの取水を予定しているのは、栃木県、鹿沼市、小山市、茨城県古河市、五霞町、埼玉県、千葉広域水道企業団の七団体です。

栃木県は全体の約一三・五%にあたる〇・四〇三㎥／秒の水の取水をして、県南の二市一町（栃木市、下野市、壬生町）に対して水道用水供給事業（水道用水の卸売り）をすることを予定しています。この二市一町は、水道用水の全てを表流水ではなく地下水で賄っており、それで何も問題は起きていませんが、栃木県は、二〇一三年三月、「栃木県南地域における水道水源確保に関する検討報告書」を策定し、その中で、水源バランスを理由に、水道水源の比率を将来的に四〇%にする方針を打ち出し、地下水から表流水への転換を強引に進めようとしています。栃木県は、水源バランス論の根拠として、新規水需要に対応するとともに、栃木県南地域で深刻とされている地盤沈下対策となるとともに、地下水が汚染されたときのリスク分散をするということを挙げています。

しかし、栃木県は、これまで水需要予測の推計を実績と比べると過大とされる推計をしてきましたし、人口減少による新規水需要がないことは言うまでもありません。地盤沈下についても、かつて県内でもっとも激しかった野木町の観測地点においても、一九九七年以降、沈静化しています。加えて、栃木県南地域の地盤沈下の原因は、春から夏にかけて必要となる農業用水の取水にありますので、水道用水の一部を地下水から表流水に転換したところで、地盤沈下対策の役には立ちません。また、深井戸が用いられる水道水源井戸の汚染が問題となることはほとんどありません。例え汚染されるようなことがあったとしても赤外線殺菌・膜ろ過、井戸の掘り直し、水処理施設の変更等で対応することが可能です。

地下水は、安価でおいしく、それを放棄してまで表流水に転換する必要はないのです。一〇〇%地下水に依存している熊本市や昭島市はそれを誇りにしているほどです。

また、治水面においては、前述のとおり、集水域が極めて狭いため、思川の治水基準点である小山市乙女地点における洪水削減効果はごくわずかなものでしかありません。

これに対し、栃木県知事は、思川開発事業の検証作業のために設けられた「思川開発事業の関係地方公共団体からなる検討の場」において「思川開発事業は、利根川・思川の治水安全度の向上とともに、将来的に安定した都市用水の供給や、異常渇水時の緊急水の補給を含む流水の正常な機能の維持のために必要不可欠な事業である」「一刻も早く事業を完成されること」「ダム建設に伴う生活関連事業についても、早期に完成させること」と述べています。

南摩ダムは、まだ本体工事には着手していません。

5　三ダム訴訟の結果

これまで、湯西川ダム・南摩ダムをめぐる問題について簡単ではありますが触れてきました。冒頭で二〇〇四年一一月に差し止め等を求めて訴訟を提起したと書きましたが、当該訴訟は、二〇一五年九月八日に最高裁で敗訴となり終了しました。ムダなダムをストップさせる栃木の会および弁護団は、抗議声明を出し「二〇一五年九月の台風18号による鬼怒川の堤防の決壊、甚大な被害が発生したことは、河川改修予算を減らす一方で大規模ダムの建設に治水予算の大半を投入するダム優先の河川行政の誤りを露呈させるものになった。鬼怒川上流には大規模ダムが四基もあり、そのうちの湯西川ダムは本件訴訟で対象としていたダムで、二〇一二年に完成したばかりである。これら四ダムの洪水調節容量の合計は八ツ場ダムの二倍もあり、今回の洪水では湯西川ダムを除き計画どおりの洪水調節が行われたにもかかわらず、鬼怒川下流での堤防決壊を防げなかった。洪水時の雨の降り方は様々である。想定どおりに上流域にのみ雨量が多ければ上流にあるダムの効果は大きいが、中下流域での雨量も想定外に多ければ、ダムがあっても中下流域は氾濫の危険にさらされる。今回の鬼怒川の堤防決壊は、ダム優先の治水対策がいかにギャンブル的で実効性に乏しいものであるかを示すものであった。」と述べています。

また、栃木県内にはダム完成後も未だに利用されていない水利権があるダムが川治ダム・草木ダム・松田川ダム・東荒川ダムの四カ所（合わせると二・四㎥／秒）もあります。栃木県と県内の一部自治体は、巨額の税金や水道料金を投入しながら、使う当てのない水源を抱えるという看過することができない不可解な水行政を進めてきました。

6　三ダム訴訟のその後

二〇一五年一一月、市民オンブズパーソン栃木の定例会で、思川開発事業（南摩ダムの利水面）に関する集会を栃木県南地域で開催することはできないかということを話し合いました。栃木県南地域は、生活用水の大部分を地下水に頼っており、そのためおいしい水が市民に行き届いています。ところが、南摩ダムが建設され、栃木県の水道用水供給事業が実施されることとなれば、栃木県南二市一町（栃木市、下野市、壬生町）はマズくてコストの高い水を購入せざるを得ません。

この危機を栃木市民に広く知ってもらうために、ムダなダムをストップさせる栃木の会、思川開発事業を考える流域の会、市民オンブズパーソン栃木が主催となって二〇一六年二月六日、栃木市で、「緊急‼　市民集会『思川開発事業と県南市町～マズくて高い水はごめんだ～』」を開催しました。この集会には一三〇人もが集まり、参加者全員に思川開発事業および栃木県の水道用水供給事業計画の問題点を分かっていただくことでできました。参加者の何人かは、南摩ダム予定地の観察会（毎年春秋の二回実施）にも参加されました。

この集会を契機として栃木市では、新たに「思川開発事業と栃木市の水道水を考える会」ができ、同会は四月三〇日に水問題研究家の嶋津暉之さんの講演をメインとする「緊急！　市民集会『思川開発事業と栃木市の水道水』」を開催しました。これを機会に私たちは、栃木市のみならず下野市および壬生町においても市民の会を立ち上げたいとの共通認識のもと、さらに運動を活性化させています。

下野市では、「環境問題を考える会」が、七月三一日の第一九回総会にあわせて記念講演「―下野市の水源について考える―思川開発事業と地域の水資源環境」を開催したところ、約五〇人の参加がありました。最初に、下野市水道課の杉山課長補佐から「下野市の水道事業の現状」について報告してもらい、この報告で下野市の水道水は全量地下水で、おいしく、水質的にも問題はなく、料金も県内で安い方であることが明らかになりました。次いで約一時間、嶋津暉之さんの「思川開発事業と地域の水資源環境―下野市民にとって思川開発事業とは？―」と題する講演があり、その後約一時間活発な質疑応答が行われました。

二つの報告およびその後の質疑応答によって、下野市長が「リスク分散のため」として、思川開発事業によって開発された表流水を受け入れる方針を表明していますが、地盤地下、渇水対策、汚染対策いずれの点でもその理由がなく、このまま手をこまねいていたのでは、高くてマズい水を飲むことになることが浮き彫りにされました。

私たちは、現在、栃木市や下野市、壬生町の住民による水源ネット（仮称）という集まりをもっています。

7　最後に

新規水需要が全く期待できず、ダムによる治水効果も弱いにも関わらず、今もダムだけを造る仕組みを利用し、造り続け、無駄な公共事業が時々刻々と行われていることにもっと関心を寄せるべきです。

そして、税金が無駄な遣われ方をしていないかを市民の立場で厳しくチェックしていかなければなりません。

〔弁護士　服部　有〕

馬頭管理型産業廃棄物最終処分場

問題は那珂川の支流の小口川、そのまた支流の北沢に産業廃棄物（以下、産廃）が一二、〇〇〇トン捨てられたことから始まります。平成二年八月〜一一月のことです。その処理を巡って紆余曲折の結果、現在の馬頭管理型産廃最終処分場計画が示され、県はこれを進めようとしています（表1）。

場所は備中沢です。北沢の南側にある小口川の支流です。県は当初八〇万㎥の管理型産廃最終処分場を備中沢本沢に作る計画で土地買収、環境影響調査および基本設計を実施し平成二二年二月「産業廃棄物処理施設設置許可申請書」を提出しましたが、未買収地の存在と搬出入路確保不調のため、膠着状態となり未だに許可されていません（表1）。このような中、県は県道27号線に直結する土地の買収に成功し、急速に現計画が浮上しました。

場所は備中沢の枝沢ともいえる沼沢地とこれに張り出した尾根を利用するものです。狭い土地の尾根筋を掘削して切土とし、掘削土を沼沢地に盛り土して切土・盛り土の混在する埋立地を造成し、無理やり60万㎥もの産廃を埋立てる計画です。突破口を見出した勢いで急速に計画を進捗させたため、調査不足、杜撰な基本設計で不完全極まる計画になっています。特に、和見側の環境影響調査、埋立地の底面・法面の強度予測、遮水設計、大氣・地下への汚染物放出は大きな問題で、欠陥があります。

このような計画に基づいて、県は馬頭最終処分場整備運用事業を「ＰＦＩ（Private Finance Initiative）法に基づく事業」として実施する方針です。落札した民間業者（選定事業者）は施設を設計・施工した後、所有権を県に移転し、ＢＴＯ（Build Transfer Operate）方式によっ

表1　処分場計画諸元の比較

年月	平成18年11月	平成27年2月
事業主体		栃木県
施設の種類		管理型産業廃棄物最終処分場
施設設置位置	那須郡那珂川町和見、小口地内	那須郡那珂川町和見、小口地内
構造形式		クローズド（被覆）型
事業区域面積	約78 ha	65.2 ha
埋立面積	約6.1 ha	約4.8 ha
埋立容量	約80万㎥ 内訳 北沢不法投棄撤去物　約 5.1万㎥ 県内排出の産業廃棄物　約58.9万㎥ 覆土　約16.0万㎥	約60万㎥ 内訳 北沢不法投棄撤去物　約 5.1万㎥ 県内排出の産業廃棄物　約45.9万㎥ 覆土　約 9.0万㎥
埋立期間	12年程度	概ね12年間

表2　県内で排出された管理型産業廃棄物最終処分量の推移（単位：千トン）

平成年度	11	12	13	14	15	16	17	18	19	20	21	22	23	24	25
処分量	61	59	62	50	38	35	32	33	42	43	38	21	32	26	36

※栃木県廃棄物処理計画　平成23年3月版および平成28年3月版より

て事業期間中の運営維持管理を行うこととしています。このＰＦＩ事業にも多くの問題点がありますが、特に自由提案事業が実施可能であること、事業の継続が困難になった場合の措置、処理手数料の取り決め、情報開示、選定事業者と県のリスク分担契約などを挙げておきます。

北沢不法投棄事件以来二五年余を経過した中で、様々な背景要因の変化があります。例えば、北沢不法投棄物自体が放置されてきたこと、平成一二年の北沢不法投棄物詳細調査で石綿の調査が欠落していること、建設用地を備中沢左岸にしたこと、二〇一三年三月の東京電力㈱福島第一原子力発電所（福一原発）事故によって大量の放射性物質が放出され、本県は福島県に次ぐ放射性物質汚染を蒙ったこと、全国的に産廃の最終処分量が減少して産廃処分場が過剰気味であること、県内産産廃最終処分量は平成一一年度以降漸減し、平成一五年度からは三万五千トン程度に横這いしていること（表2）、将来人口減少などの問題があります。これら背景要因の変化にも拘わらず、従前の計画を引きずり、狭い用地に過重な負荷をかけ、かつ、不完全な計画となっていることが大きな問題です。

県は、平成二八年六月三〇日付けでＰＦＩ事業関連文書の一部変更を公表し、計画を進捗させています。この動きから推察すると、近未来に大枠の変更がないまま「産廃処理施設設置許可申請書」を県の担当部署に提出し、最短の手続き期間で許可書を取得することを目論んでいると考えられます。この場合、廃棄物の処理および清掃に関する法律（廃掃法）の法令に基づいてなされますので放射性廃棄物は除外されています。しかし、一旦許可され施設が完成すれば、放射性物質汚染対処特措法の法令に従って放射性廃棄物を埋立てるつもりであることが目に見えています。さらに、平成二三年九月二五日・環境省の有識者検討会では一〇万ベクレル超／kgの放射性セシウムを含む焼却灰などについて、外部に放射線が漏えいしない対策を取った上で管理型最終処分場に埋め立てることを容認する方針で意見が一致したとのことです。このような高濃度放射性廃棄物も埋立てられる恐れがあります。

前記の論点を踏まえて、私は馬頭管理型産廃処分場計画を下記の如く抜本的に見直すよう提言いたします。

1　施設設置予定地の徹底再調査

現予定地の環境影響調査は平成二二年・産廃処理施設設置許可申請時に実施されたものに最低限の調査を付加したものに過ぎません。従って、和見側・久那川流域への環境影響調査が決定的に不足しています。例えば、地下水の追加調査は、平成一七年度に二〇カ所ボーリング調査がなされましたが、埋立地の地下水位の状況が不明であり、久那川流域での調査もされていません。設置予定地内を含めてさらに三〇カ所以上のボーリング調査が必要です。地下帯水層の立体的分布を把握しなければ、地下水への汚染予測が不能であるだけでなく、地下水位上昇時に所謂盤膨れによる遮水工破損の危険性予知ができません。搬出入路が和見側のみであり、特に県道27号線を含む和見側での環境負荷が大きいにも拘わらず、和見側の大氣、土壌、地下水、騒音、振動などの調査が不十分です。他は省略します。

2　基本設計書の抜本的見直し

埋立地面積に比べて埋立量が多すぎます。埋立量計画を大幅に縮小すべきです。基本設計書で示された計画埋立量を踏襲していることも一つの要因です。基本設計書では県内産産廃最終処分量を毎年約三八、〇〇〇㎥としていますがその中で使用済み自動車が一一％を占めています。しかし、自動車リサイクル法によって現在では殆ど発生していません。これだけでも相当の縮小が見込めます。全国的に産廃最終処分量は年々減少しています。この計画では栃木県産の管理型最終処分量の全てを毎年埋立てることになります。かつての山梨県の明野処分場と同じ轍を踏むことになりかねません。明野では計画の一割しか収集できず、遮水工の破綻によって五〇億円もの赤字を出して閉鎖されました。運賃をかけても他県に出した方が安いからです。栃木県産の産廃最終処分量を全部馬頭処分場に収集することは実際上不可能です。

埋立量を十分減らせば、埋立地内に二八本もの屋根支柱を立て、北側法面勾配を一対一にしなくて済みます。中之条の一般廃棄物最終処分場の視察をしながら何の参考にもなっていません。中之条処分場では埋立地内の屋根支柱は一本もなく、水は一滴も出していません。

遮水工は完全に施工しても性能保持期間は有限です(日本遮水工協会によれば遮水シートの保証期間は一五年)。切土・盛り土による埋立地造成は不同沈下による遮水工破綻の原因になり得ます。現計画では地下浸出水を備中沢に放流することになっていますが、河川への汚染を来たす恐れがあります。屋根をかけただけでクローズド型と称していますが、クローズドとは本来内部環境を外部環境から遮断することを意味します。単純な換気によって外気を取り入れることは外気を汚染することになります。処分場内の空気は浄化したのち排気しなければなりません。遮水工と直接接触する地下浸出水は一滴も放流しない設計が必要です。問題点は他にも沢山ありますが省略します。

3　北沢不法投棄物撤去について

不法投棄後二五年放置してきた現在、北沢不法投棄物は既に安定化しています。県は「安定化とは、埋立地からの浸出水が排水基準値以下になるとともに、ガスが発生しなくなり、埋立地内部の温度が周辺地中の温度と同じになることなど、周辺環境へ影響を及ぼさなくなることです」(Green Life なかがわ第36号）と答えています。北沢不法投棄物は、まさにこの状態にあります。県は何故撤去に拘るのでしょうか?

不法投棄物を撤去すれば、せっかく安定化していた有害物は環境に露出され不安定化します。さらに、不法投棄された平成二年当時石綿は使用されていましたので、石綿が不法投棄されている可能性が濃厚にあります。平成一二年の詳細調査時には既に石綿の使用は禁止され、廃棄にも厳しい規制がかけられていましたが、調査されていません。撤去すれば作業者および周辺住民への石綿暴露の危惧があります（不法投棄当時石綿の使用は禁止されていなかったが平成七年以来原則使用禁止、現在では完全禁止となっています。また、石綿に起因する中皮腫、肺がんなどの死亡が年々増加し労働問題・社会問題になっています)。

北沢不法投棄物撤去は、今となっては、費用が掛かるだけでなく、有害な行為といえます。

なお、現基本設計書記載の通り北沢不法投棄物撤去を実施した場合、鋼矢板の打ち込み高の不足と補強措置の不在で地下水流入や（不法投棄物の撤去による）鋼矢板倒壊の可能性があります。

4　放射性廃棄物投入について

本県では指定廃棄物の中で放射能汚染されたワラ、乾草などの粗飼料・敷料などが他県に比べて多いと言われていますが、前処理もなく当処分場に入れるつもりなのでしょうか?　もしそうなら当然、有害ガス発生や有機酸などの環境汚染物質生成が起こります。しかし、焼却による減容化は最悪の選択です。

指定廃棄物は、当初県内に約一三、五〇〇トンあると言われていましたが、現在では放射能の減衰により九、五〇〇トンになっています。一方八、〇〇〇Bq／kg以下の廃棄物量は明らかにされていませんが、指定廃棄物の放射能減衰、山地からの流下→除染産物や要廃棄産物、放射性物質汚染下水汚泥などによって長期にわたり産出されます。これらの放射性廃棄物を馬頭処分場に投入すれば、那珂川町は県内の一大放射能汚染地域になってしまいます。

さらに、一〇万Bq／kgを超える放射性セシウムを含む焼却灰などについて、外部に放射線が漏えいしない対策を取った上で管理型最終処分場に埋め立てることも容認される模様です。警戒を要します。

現基本設計の仕様では埋立産廃からの有害物漏えいが早晩起こると思われますが、放射性廃棄物の場合も同様と考えます。環境省の除染土再利用計画での試算では、八、〇〇〇Bq／kgの除染土が法定の安全基準まで放射能濃度が下がるまでに一七〇年かかるとのことです。もし県内の放射性廃棄物を馬頭処分場に投入した場合、那珂川町は県内の一大放射能汚染地帯になってしまい住民の健康被害が危惧されます。馬頭処分場への放射性廃棄物の投入には反対です。

5　PFI事業について

平成二八年六月三〇日に「馬頭最終処分場整備運営事業（仮称）実施方針」および「同事業（仮称）要求水準書（案）」の一部変更が公表されました。

県は馬頭最終処分場整備運用事業を民間資金および民間能力を活用する「ＰＦＩ法に基づく事業」として実施する方針で、既に民間業者に対して説明会を実施しています。落札した民間業者（選定事業者）は特別目的会社「ＳＰＣ（Special Purpose Company）」を県内に株式会社（選定事業者は五〇％以上の株を取得する）として設立し、この会社を介して県と本事業整備運用の契約を締結します。ＳＰＣは施設を設計・施工した後、所有権を県に移転し、ＢＴＯ（Build Transfer Operate）方式によって事業期間中の運営維持管理を行うこととしています。

県は、今まで馬頭処分場は県営であると言っていましたが、これでは実質上民営ではないでしょうか？　県営と言うなら、ＳＰＣの株式について県も事業執行権および人事権などの行使が可能な株数の出資をすべきと考えますとともに運営維持管理にもＳＰＣを通して一定の責任を負うことが必要と考えます。ＰＦＩ事業には利点もありますが、これまでの事例でいろいろな問題点が指摘されています。慎重な運用が期待されます。

詳細設計書はＳＰＣが行うことになりますが、十分な監視が必要です。選定事業者の自由提案事業の実施が可能とされていますが、処分場関連事業所が次々と設置されてはならない考えます。株式会社である以上、利潤追求が基本的にありますが、このために違法行為があってはならず、労働者の賃金・安全衛生管理にも十分配慮しなければなりません。また、外部への環境汚染があってはなりません。情報開示は公式ホームページのみでなく、生データの開示などを含めて透明性を高く保つ必要があります。選定事業者と県のリスク分担契約は細部にわたる具体的な記載をした契約が必要と考えます。他は省略します。

6　その他

「住民による監視システム」の人選に当たっては処分場設置に反対の住民や処分場問題に詳しい専門家もメンバーに加えることを求めます。

〔獣医師　奥村　昌也（那珂川町在住）〕

指定廃棄物処分場建設問題について

1　指定廃棄物とは

福島第一原子力発電所の過酷事故によって放出された放射性物質による環境汚染に対処するため、二〇一一年八月、議員立法によって、「平成二十三年三月十一日に発生した東北地方太平洋沖地震に伴う原子力発電所の事故により放出された放射性物質による環境の汚染への対処に関する特別措置法」という長い名前の法律を制定しました。以下ではこの法律を単に「特措法」と呼びます。

特措法17条1項は、「環境大臣は、……事故由来放射性物質による汚染状態が環境省令で定める基準に適合しないと認めるときは、当該廃棄物を特別な管理が必要な程度に事故由来放射性物質により汚染された廃棄物として指定するものとする。」と定めており、この規定によって指定された汚染廃棄物を「指定廃棄物」ということにしています（19条）。

上記基準について、環境省令14条は、事故由来放射性物質であるセシウム134および137の放射能濃度の合計が八、〇〇〇Bq/kg以下、としていますので、指定廃棄物とは放射性セシウムの濃度が八、〇〇〇Bq/kgを超える廃棄物をいうと説明されるのです。

二〇一四年一二月三一日現在、指定廃棄物は栃木県内に一三、五二六・三トンあり、福島県以外の都県では最も多く、稲わら、牧草等の農林業系の廃棄物が多い（八、一三三トン）のが特徴です。

なお、指定廃棄物については、原子炉等規制法によるクリアランスレベル（放射性物質により汚染されたものとして扱う必要のないものとする基準）が放射性セシウムについて一〇〇Bq／kg上としていることと比較して、八、〇〇〇Bq／kg超とするのは余りにも緩すぎるという問題等もありますが、紙数の関係で、以下では指定廃棄物処分場問題を中心に述べることにします。

2　「処理の方針」による県内一カ所集約の方針

特措法では、指定廃棄物は、国が、収集、運搬、保管、処分をしなければならないとされています（19条）が、処分を都道府県ごとにするかどうかについては、特措法には具体的規定はなく、特措法7条に基づき、二〇一一年一一月に閣議決定された基本方針で、「指定廃棄物の処理は、当該指定廃棄物が排出された都道府県内において行うものとする」とされるに至ります。最終処分場を、都道府県内に一カ所だけ作るのか、複数カ所作るのかについては、基本方針でも触れられていません。それが具体化するのは、二〇一二年三月に環境省が策定した「指定廃棄物の今後の処理の方針」（以下「処理の方針」といいます）によってです。

この「処理の方針」は、「既存の最終処分場による処分ができず、最終処分場を新たに建設する必要がある場合には、最終処分場の立地のための用地を確保しやすくする観点から、できる限り指定廃棄物が存在する市町村ごとに中間処理による減容化を行うこととし、また、その減容化の過程で一〇万Bq／kgを超過する指定廃棄物が発生する可能性を考慮しつつ、国は、最終処分場を都道府県内に集約して設置することとする」として、一カ所集約および一〇万Bq／kg超過の指定廃棄物も含めて処分する方針を打ち出しています。なお、福島県内では、一〇万Bq／kg超過の指定廃棄物は中間貯蔵施設での保管としています。

また、最終処分場の設置場所については、「指定廃棄物の種類および量、中間処理施設などの附帯設備の設置に要する土地の面積等を踏まえ、必要な規模、適切な斜度を有する土地の中から、土地利用に関する法令上の制約（自然公園特別地域、地滑り区域など）がなく、……自然的社会的条件が良い土地を抽出する。その後、現地調査などにより立地特性を把握した上で、最終的に国が立地場所を決定し、国の責任の下、最終処分場を設置する」としています。

そして、別添2の「指定廃棄物の最終処分場の確保に係る工程表」において、二〇一二年九月末までに場所の選定を行い、二〇一三年八月には造成工事に着手するとしていました。

「処理の方針」による都道府県一カ所集約化の方針は、指定廃棄物処分場建設問題に、各都道府県内において市町村の対立や候補地とされた地域での反対運動をもたらし、かえって指定廃棄物の処分問題を遅らせることを予想させるものでした。廃棄物処分場建設については、地元の強力な反対運動によって、中止に追い込まれる例を把握しているはずの環境省が何故このような方針を取ったのか理解に苦しむところです。

3 「今後の方針」による最終処分場候補地の選定手順

「処理の方針」に従い、最終処分場候補地の選定作業が進められ、二〇一二年九月、栃木県では矢板市塩田地区の国有林が、茨城県では高萩市上君田地区の国有林が、一旦、候補地として選定されました。しかし、両市とも、極めて強力な反対運動によって地元への説明すら困難な状況となりました。そして、同年一二月に政権交代が行われたのを機に、環境省は、選定プロセスを大幅に見直すこととし、二〇一三年二月二五日に「指定廃棄物の最終処分場候補地の選定に係る経緯の検証および今後の方針」(以下「今後の方針」といいます)を公表し、先の候補地選定を撤回し、以後、この「今後の方針」によって候補地選定作業を行うことになりました。

「今後の方針」では、①市町村長会議の開催を通じた共通理解の醸成、②専門家による評価の実施、③候補地の安全性に関する詳細調査の実施が、候補地選定のプロセスに付け加わっています。

第四回市町村長会議において、栃木県の候補地選定は、次のような手順でなされることになりました。

(1) 栃木県における候補地の選定手法の説明・確定

(2) 詳細調査を行う候補地一カ所が所在する市町に提

示

(3) 詳細調査の実施、安全性の評価

(4) 最終候補地の提示

右記(1)の選定手法については、第四回市町村会議において、有識者会議でとりまとめられた基本的な選定手法の案に栃木県の地域特性を配慮して、次のように確定されました。

①安全等の確保に関する事項として、(a)自然災害を考慮して避けるべき地域(地すべり、斜面崩壊、土石流、洪水、雪崩、地震(活断層およびその近傍)、津波、火山噴火、陥没)、(b)自然環境を特に保全すべき地域(自然公園特別地域、自然公園普通地域、自然環境保全地域特別保護地区、鳥獣保護区特別保護地区など)、(c)史跡・名勝・天然記念物等の保護地域(史跡・名勝・天然記念物の所在地)が除外されることになりました。

②地域特性として配慮すべき事項として、以下のことが加わりました。

(a)利用可能な国有地に加え、利用可能な県有地も対象とすること。

(b)安心等の評価のうち総合評価において、指定廃棄物の保管状況は重み付けを1/2とすること。

③必要面積を確保するため、埋立地+仮設焼却炉等の必要面積約二・八haを確保できるなだらかな地形(平均斜度が一五%=約九度以下)の土地を抽出する。

④安心等の地域の理解がより得られやすい土地の選定のため、以下の項目について評価基準が設けられました。

(a)住居のある集落との距離

(b)水利点(水道・農業)と距離

(c)植生自然度

(d)指定廃棄物の保管量

環境省は、上記の手順に基づいて、最終処分場候補地選定作業を進めた結果、寺島入りの国有林を詳細調査候補地として選定し、二〇一四年七月三〇日、塩谷町に対し、その旨通知しました。

ます。

4　選定手順の問題点

以上の選定手順については、以下の問題点が指摘できます。

①市町村長会議の開催を通じた共通理解の醸成といっても、どこの市町村も受け入れには反対で基本的には利害が対立する構造にあるので、一カ所集約化の方針の下では、共通理解の醸成などは困難です。

②栃木県の場合には国有地と県有地しか検討対象としていていませんが、国有地の場合その多くが山林であり、必然的に水源地域が選定される可能性が高くなりますので、必然的に反対運動が起こることになります。栃木県の場合、現にそのような結果となっています。なお、千葉県の場合には民有地も含めて検討し、千葉市の東京電力所有地が候補地となりましたが、ここでも反対運動が起こり、地元の千葉市も反対しています。

③植生の自然度も要件としたとしても、住居のある集落との距離や水利点（水道・農業）との距離を要件にすることは、水源地域の中でも奥地を候補地とすることにつながるものでしかありません。処分場建設に費用がかかることになりますし、住民の監視が及ばないところで杜撰な処理がなされる恐れもあります。

5　塩谷町における反対運動

塩谷町は高原山の山麓に位置する自然が豊かで、高原山からの流れを利用した水田稲作が盛んな町です。また、高原山腹にある尚仁沢湧水群からの清冽な流れは、環境省の名水百選にも選ばれ、町民にとって自慢の種です。その湧水群から四キロ程しか離れていない場所に、焼却施設を備えた指定廃棄物の最終処分場ができるというのですから、反対運動が起きない訳はありません。案の定、矢板市の場合と同様、町民一丸となった反対運動が起きています。

町民の反対理由は、①高原山の上流域に作られる指定廃棄物処分場での焼却及び埋立が河川水、ひいては農作物や人体の放射能汚染をもたらおそれがあること、②現実に放射能汚染が起きなくとも、処分場が存在すること自体で風評被害をもたらすおそれがあることです。

塩谷町では、以前から高原山の自然環境および湧水を保全するための法的手だてを検討していましたが、二〇一四年九月、湧水等保全地域内での事業活動等を許可制にすることを中核とする塩谷町高原山・尚仁沢湧水保全条例を制定し、これによっても、高原山での処分場建設を阻止しようとしています。

福田知事は、指定廃棄物処分場問題については、①放射能は自然減衰することから、最終処分ではなく中間処分としてはどうかとの意見を述べ、また、②有識者会議による国の選定過程の検証を行うこと以外は、自己の所有地で保管されている農家の苦労や竜巻等が来たら等として、塩谷町寺島入りの国有林での処分場建設に賛成の発言をしています。

私は、この間、農業系の指定廃棄物を自分の所有地で保管している一〇名近くの方からお話しを聞きましたが、塩谷町に最終処分場を建設することに積極的な発言をされる方はいませんでした。多くの方が不満を訴えているのは、保管場所があることによって土地利用ができないことに対する補償がないことでした。

見形塩谷町長は、上記①および②の知事の対応について、①そのようなことが可能かどうか疑問だし、一度破壊した自然は元には戻らない、②国と同じ基準、同じ資料での検証では意味がないとして批判的です。

また、見形町長は、「指定廃棄物の処分は福島第一原発の敷地かその周辺で集中して行うべきである」と発言するようになりましたが、これは栃木県内の他の市町長に「反対して今度はうちに来たら困る」という思いを抱くことなく、塩谷町の反対運動を支援してもらうために始めたとのことです。しかも、塩谷町の正式見解ではなく、あくまで一個人としての意見に過ぎず、福島県の地元の同意があればとの留保付きのものとのことです。

反対運動の中核を担っている方の中にも、この見形町長の意見には批判的な意見もあります。すなわち、全員が同意するのであればともかく、福島県への集中も各都道府県内での集中も候補地の住民に自分たちと同じ苦しみを与えるもので倫理的でないし、反対運動が起きるのは必至で現実的ではないとして、現状での保管を強化すべきだというのです。

なお、二〇一六年八月七日の町長選において見形氏は再選されましたので、今後も塩谷町は指定廃棄物最終処分場建設反対の姿勢を貫くものと思われます。

6 指定廃棄物処分場をめぐる現在の状況

以上のとおり、環境省は、これまでは「処理の方針」による県内一カ所集約の方針を貫いてきましたが、時を経るに従い、それが実現する見込みがなくなることが明らかになったことから、二〇一六年二月四日には、「茨城県における指定廃棄物の安全・安心な処理方針について」を公表し、茨城県では分散保管を容認する姿勢を示すなど、態度を変化させています。

また、環境省は、これまで最終処分場建設の建設促進だけで、保管状況の強化の方針を取ることについては消極的でしたが、二〇一六年三月には、「現地保管継続に当っての更なる安全の確保について」を公表して、現状保管の強化に努めることとし、また、四月には「指定廃棄物（農林業系副産物）の減容化・安定化技術について」を公表するなど、県内一カ所集約一辺倒の方針を変化させつつあります。

また、環境省は、二〇一六年二月、自然減衰によって放射性物質の濃度が八、〇〇〇Bq／kgを下回った場合には、指定を解除できるとして、栃木県内では六月から指定廃棄物の再測定を始めています。二〇一六年七月三〇日付け下野新聞によると、指定廃棄物の量が大幅に減少したことがわかった場合、処分場の規模の縮小も視野に入れ、約四〇カ所を抽出調査しており、九月にも今後の処理方針と併せてその結果を公表する予定とのことです。なお、指定解除により、一般の廃棄物処分場での廃棄が可能となる訳ですが、数千Bq／kgもの放射性物質によって汚染された廃棄物を受け入れる処分場が簡単に見つかるものとは思えません。

前記下野新聞によると、千葉市では再測定の結果、全量が指定解除され、指定廃棄物が市内になくなったことから、最終処分場の建設についての市民の理解は得にくくなったとのことです。

　以上のとおり環境省の態度にも変化が見られる外、自民党の西川公也衆議院が候補地の白紙撤回を求めるなど、指定廃棄物処分場をめぐる情勢が変化しているにもかかわらず、福田知事は七月二六日の定例記者会見において、塩谷町の姿勢に対し、「いまだ国が住民説明会を開けていないことは残念だ。保管者の負担も限界ではないか」等として、処分場の早期建設の必要性を強調する発言を続けています。

　前記のとおり、農業系指定廃棄物の保管者が望んでいるのは、土地利用ができないことへの補償であり、塩谷町に最終処分場を建設することではありません。

　福田知事は、エコシティ問題では農水省の求めるままに補助金を返還し、栃木県にとって必要性もない思川開発事業に参画するなど、県民ではなく国に顔を向けた県政を行ってきました。しかし、こと指定廃棄物問題については、環境省も態度を変えつつあるのです。福田知事は、将来を見通して、今までの態度を改め、現地に出向いて保管状況を視察し、農家の声を聞くべきです。そして、処分場建設ではなく、保管状況の強化や農家への補償を実現させるべきです。

〔当研究所副理事長、弁護士　大木　一俊〕

住民協働のまちづくり

1　協働について

本節では、〝協働〟と〝まちづくり〟について論じます。筆者は、「まちづくりとは身近な生活環境をよりよくしていくことであり、その担い手の中心は住民（であるべき）であり、行政はその支え手である」という立場です。しかし、戦後、どちらかと言うと住民はまちづくりから遠のいていた感がありました。戦後のまちづくりは一貫して、人口増、経済成長を前提としてきました。ある意味、政府や地方自治体お任せでもまちづくりは何とかなっていた時代だったのです。しかし、人口が減少し、政府ばかりでなく多くの地方自治体が負債を抱える今日、従来のような政府や地方自治体主導のまちづくりではなく、まちづくりにおいて協働をいかに実現していくかが、重要な課題なのです。まちづくりに限らず地方自治体の施策を進める上で、今日、協働は前提となっています。協働の英語訳は、コプロダクション（Co-Production）、コラボレーション（Collaboration）、パートナーシップ（Partnership）の三つであると言われています。

コプロダクションは、〝Co＝共に＋Production＝生産〟の造語であり、アメリカの政治学者ヴィンセント・オストロム氏が一九七七年に著したComparing Urban Service Delivery Systemsの中で紹介しました。つまり、住民と地方自治体が協力して自治体政府の役割の一端を担うことを指します。参考・引用文献(1)

コラボレーションは、自立した複数の主体がお互いに

対等な関係で具体的な課題達成のために行う非制度的な協力関係です。[参考・引用文献(2)]

地方自治を専門とする松下啓一氏（相模女子大学）は、協働とはパートナーシップであるという立場をとります。パートナーシップは、行政と市民との対等性・関係性を重視するものであり、市民が公共を担えるようにバックアップすることも行政の大きな役割であるというスタンスです。[参考・引用文献(3)]

いずれの立場をとろうとも、共通していることは、既述のとおり、まちづくりを政府や地方自治体にお任せするのではなく、住民もまちづくりの一端を担うということです。その際、留意すべきは、協働は万能ではないということです。住民個人や住民が組織する団体等が単体で取り組む方がよりよく進むもの、あるいは地方自治体が得意とすることは、それぞれに任せる方がよいでしょう。住民、地方自治体が目的を共有でき、協働で取り組むことにより双方にとってより良い成果を生み出すことが可能であるならば、協働で進めるべきと言えます。

以上を勘案し、筆者は「協働はまちづくりに取り組む上での哲学であり、土台であり、方法論である」と考えます。

2　ソフトの基盤整備

日本各地の地域づくりを支援してきた山浦晴男氏（情報工房代表）は、住民・行政・ＮＰＯが「一緒に悩む場」が連携と協働の場であり、地域再生にとって必須であると指摘しています。[参考・引用文献(4)] 多様な主体が共通する問題に対して「一緒に悩む場」、というのは正に言い得て妙です。協働の一歩はそこから始まる。

では、地域再生はどのように捉えればよいのでしょう。兵庫県が進めている〝ひょうご地域再生大作戦〟では、地域再生とは、誇りを取り戻すプロセスであり、「人の絆」を強くすることで地域の持続力を高める取り組みであると示されています。加えて、最終的には、地域再生により、住み続ける人が増えることが期待されています。[参考・引用文献(5)] 住民・行政・ＮＰＯ（企業を加えるべきと筆者は考えます）の協働によって、住民の地域への誇り、絆、持続可能性が高まる姿は、住民協働のまちづくりにおいて目指すべきところと考えます。その際、山浦氏は「ソフトの基盤整備」に注力すべきことを指摘しています。少し長くなりますが、とても重要な内容ですので次に引用します。

> 行政はこれまで地域の基盤整備として、道路や水路、各種公共施設といった「ハードの基盤整備」に力を入れてきた。これからはその予算の数十分の一でよいから、地域再生に向けた「一緒に悩む場」の設営とそこで住民と行政とＮＰＯが協働で計画した再生事業という「ソフトの基盤整備」に力を入れることが時代の要請だ。そのような行政施策の大転換によって、地域再生は立ち上がるのではないかと考えている。[参考・引用文献(6)]

地域再生の出発点となる協働。そのための「ソフトの基盤整備」。しかし、「ハードの基盤整備」からの大転換は並大抵のことでは実現できない、という指摘です。[補注(1)]

では、どうすれば「ソフトの基盤整備」へと舵を切ることができるのでしょう？　行政、住民、ＮＰＯ、企業がその重要性を認識することが重要ですし、何よりも住民がその必要性について声を上げ、実践していくことが大切です。協働のパートナーである住民が協働に関して冷淡であれば、カタチだけの協働になってしまうのではないかということが危惧されます。

3　栃木県の施策について

ここでは、県の最上位計画である『栃木県重点戦略　とちぎ元気発信プラン　２０１６―２０２０』（栃木県、二〇一六年二月）における、協働に関する施策について整理します。まず、「重点戦略５　誇れる地域づくり戦略」の「１　魅力あるとちぎの地域づくりプロジェクト」に次の記述があります。これからの栃木県における地域づくりでは協働が土台であることが示されています。

> 重点的取組（85頁）
> 多様な主体との協働や連携・交流による地域づくり
> ▽都市部や農村地域において、県民や行政、ＮＰＯ、企業、団体など多様な主体の協働により、地域課題への

対応、地域の可能性やニーズを反映した特色ある地域づくりを進めます。

〈主な取組〉

☆地域住民が主体となったコミュニティ活動への支援

☆農産物直売所等への新たな機能付加による地域ニーズへの対応

○地域づくりの核となる人材やまちづくり団体の育成

（注：☆は『とちぎ創生15戦略』（栃木県版『まち・ひと・しごと創生総合戦略』）と共通する取組。）

また、「V　重点戦略の推進に向けて」（92頁）の三本柱の一番目に協働が掲げられています。

1　協働による県政の推進
2　行政基盤の確立
3　市町との連携によるとちぎの自治の推進

1　協働による県政の推進」（92頁）の内容は以下のとおりです。

「地域をともに支え、次代を創る」という観点から、多様な主体が積極的にとちぎづくりに参画し、活力ある社会を築いていくため、県民に開かれた県政とともに、地域における協働を推進していきます。

（1）県民に開かれた県政の推進

―省　略―

（2）多様な主体との協働の推進

複雑で多様な課題に的確に対応していくためには、国・県・市町等の行政のみならず、県民、NPO、企業、団体など、多様な主体がとちぎづくりに参画し、知恵と力を結集しながら、様々な分野で協働の取組を展開していくことが重要です。

このため県では……

●「地域のために力になりたい」という県民の思いが、具体的な行動につながり、地域づくりに結びつくよう、協働に向けた環境づくりに取り組んでいきます。

●多様な主体が、アイデアやノウハウを持ち寄り、それぞれの特性を生かしながら、新たな価値を創造する仕組みづくりを進めていきます。

特に、〝協働に向けた環境づくり〟〝新たな価値を創造する仕組みづくり〟が重要であると筆者は考えます。なぜなら、それこそが「ソフトの基盤整備」に相通ずるものであるからです。栃木県全域を対象に、いかにして協働への環境づくりと仕組みづくりを進めることができるのか、ということが問われているのです。

4　住民協働のまちづくりへ向けて

以上を勘案し、栃木県における住民協働のまちづくりへ向けて、次のとおり提案します。

⑴協働のパートナー、まちづくりのプレイヤー

安倍内閣が掲げるのは一億総活躍社会ですが、東京大学大学院法学研究科の金井俊之教授は、安倍内閣の地方創生施策は空虚であり、今のままでは〝一億総滑落社会〟になっていく、と厳しく批判しています[参考・引用文献(7)]。

本県が〝二〇〇万総滑落社会〟に陥らないために、住民協働のまちづくりを進めていく上で栃木県がとるべき基本スタンスは、〝県内自治体の協働のまちづくりを自走型にしていく〟ことにあると考えます。その際、「今後も人口が減少し、超高齢化が進む」ということを前提に、本県における住民協働のまちづくりについて検討することが重要です[補注(2)]。つまり、官民協働のパートナーである県民が減少していくことは避けられない状況にあり、だからこそ、県民がまちづくりを他人事にするのではなく、まちづくりの担い手として能動的に参画することが求められるのであり、そのための土台づくり、環境整備が県が担うべき重要な役割の一つと言えるでしょう。その先にあるのは、〝創生の源泉となる、地域のイニシアチブとクリエイティブなフィールドを生み出そうとする意思を持つプレイヤーが集まる環境〟であり、その中で多様性を維持していくことが必要となります[参考・引用文献(8)]。これまで栃木県が取り組んできた施策の中に、このようなプレイヤーの育成に着目した優れた取り組みがあります。例えば、次世代人材づくり事業、とちぎ観光リーダー育成塾などで

す。次世代人材づくり事業（県青少年課）には、青年リーダー部門（対象：十八歳以上四十歳未満の男女一五名）と女性リーダー部門（対象：満三十歳以上六十六歳未満の女性一五名）があり、地域活動のリーダーとなる人材養成を目的としています。なお、本事業の青年リーダー部門は、二〇一六年度より「とちぎユースチャレンジ応援事業」として、若者の社会参加活動を支援する施策となりました。県内在住のおおむね十八歳～三十歳までの若者二人以上が中心となって活動する団体・グループ等が対象であり、県内各地の若いプレイヤーを発掘することが期待されています。

また、二〇一一年度より「とちぎ観光リーダー育成塾」（県観光交流課、二〇一三年度で終了）が実施されました。二〇一〇年度に策定された『栃木県観光振興計画』に、観光まちづくりを担うリーダー育成が施策の一つとして位置付けられており、この塾が実施されました。この塾から多くの人材が輩出され、県の観光まちづくりが進展しました。今後、観光がまちづくりにおいてその重要性を増すことは間違いないでしょう。観光を通して地域住民がまちづくりに参画できる機会が増え、何よりもその人達が元気になるきっかけとなっていることは、まちづくりを自分事にしていく上での重要な要素であると言えます。

栃木県には、以上のような全県を対象とするまちづくりのプレイヤーの育成が求められるとともに、今後は、それを協働の観点から深化させていくことが期待されます。

⑵子どもの参画を

学校における「総合的な学習の時間」の実施（二〇〇〇年度より段階的に小・中・高等学校で導入）、環境問題への危機感などを背景に、「子ども参画のまちづくり」への関心が一時的に高まりを見せるとともに、様々な取組が行われました（子どもの権利条約では十八歳までを子どもとしています）。例えば、行政では石川県の「まちづくり大好き人間養成作戦事業」、市民団体では「建築と子供たちネットワーク仙台」、学校では愛知県西尾市立西尾小学校などの実践が活発でした。その後、人口減少と高齢化が顕著となるなか、大学生の参画を促す動きが盛んになり、東日本大震災後は高校生の参画への期待が高まっています。例えば、本研究室が実施した北関東三県（栃木県、茨城県、群馬県）市町村を対象とする質問紙調査では、東日本大震災を契機に高校生のまちづくり参画に対する期待が高まったことが明らかになりました。（「北関東三県の市町村を対象とする高校生参画事業に関する質問紙調査」、対象：一〇四市町村、回収数：七七市町村から回答（郵送で配付回収）、調査時期：二〇一四年八月下旬～九月中旬）

　上記のように、被災地をはじめ各地で高校生によるまちづくりが進んでおり、栃木県内でも高校生のまちづくりが活発な地域が散見されるようになっています。代表的な例としては、高校生まち変プロジェクト会議（鹿沼市）、とちぎ高校生蔵部（栃木市）があります。高校生蔵部のフェイスブックには、〝栃木市の街を知って・楽しんで・魅力ある街にするため日々活動している「学校を越えた部活」です〟と自己紹介があります。プロジェクト会議も高校生蔵部も、一つの高校に限定されるのでは

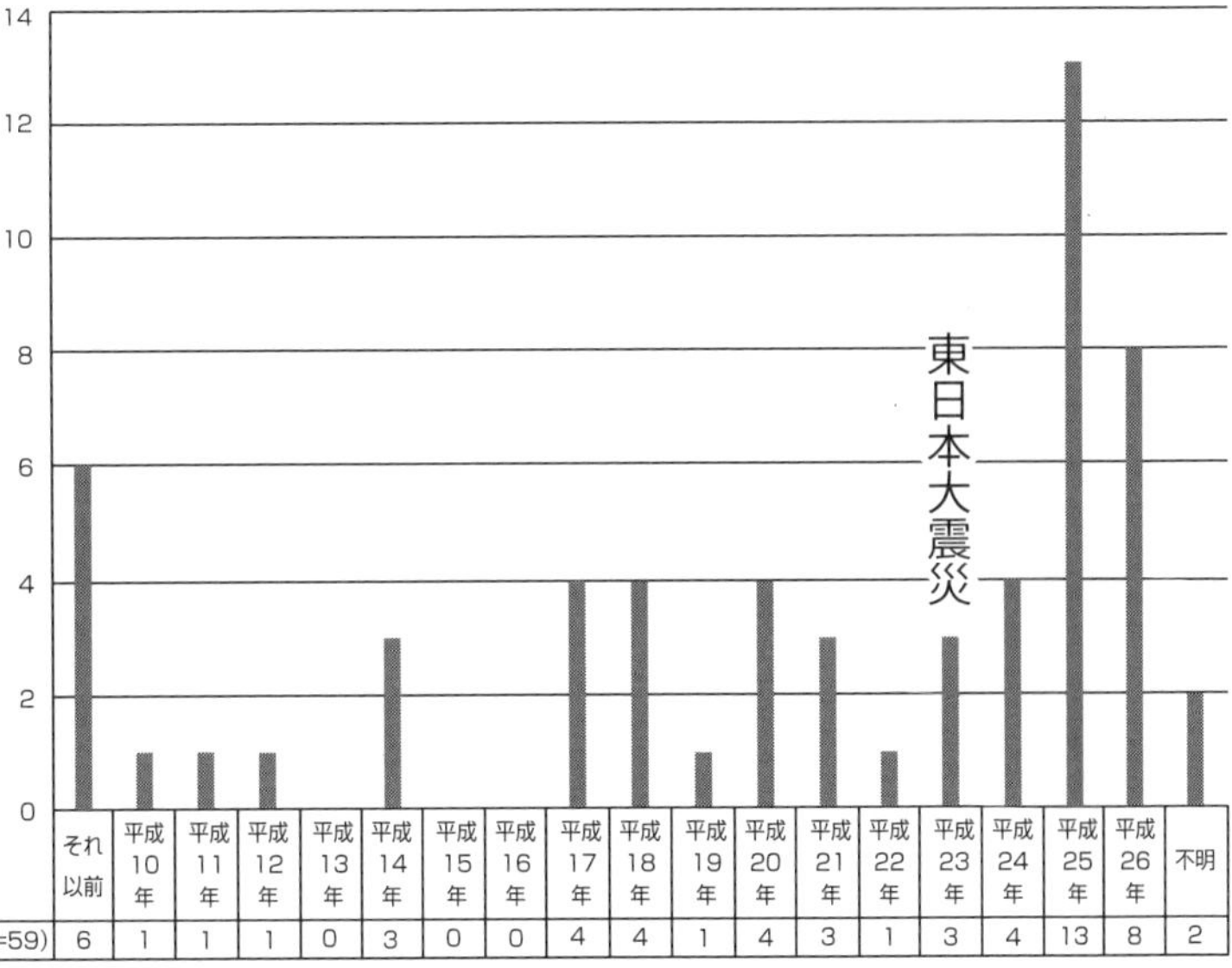

	それ以前	平成10年	平成11年	平成12年	平成13年	平成14年	平成15年	平成16年	平成17年	平成18年	平成19年	平成20年	平成21年	平成22年	平成23年	平成24年	平成25年	平成26年	不明
■集計（N=59）	6	1	1	1	0	3	0	0	4	4	1	4	3	1	3	4	13	8	2

図１　高校生参画事業を始めた時期

写真１　高校生まち変プロジェクト会議主催「第２回四校合同文化祭」（2013.12.23　筆者撮影）

写真２　高校によるいしのまきカフェ「　」（かぎかっこ）
（2014.11.24　筆者撮影）

なく、各市内の高校から自主的に集まってきた高校生で組織され運営されているところに一つの特徴があります。

子どものまちづくり参画は、住民としての子どもの権利であると同時に、将来の地域の中心的担い手となる子どもへの教育的効果も期待できます。また、まちづくりを進める側にとっても子どもの発見・発想は手助けとなるはずです。子どもたちを協働のパートナーと捉え、子どもたちがまちづくりの現場で活躍できる環境を全県的に整えていく、そこにこそ栃木県の役割があるものと考えます。具体的には、学校で使用できるまちづくり副読本の作成とモデル授業の展開（石川県「まちづくり大好き人間養成作戦事業」では、小中学校向けの副読本と手引き書を作成）、栃木県独自のまちづくり学習の仕組みづくり、子どもまちづくり参画の全県的なネットワークづくりなどが望まれます。

⑶ソーシャルビジネスへのフォーカス

ソーシャルビジネスとは、社会的課題をビジネスの手法によって持続的に解決を図る事業のことです。住民協働のまちづくりにおいても、ソーシャルビジネスという観点を取り込んでいくことが重要と筆者は考えます。なぜなら、ボランタリーな取組だけでは、持続可能性、新たな社会的仕組みやモデルを創出するには力不足だからです。

ネコヤド大市（現在はネコヤド商店街、鹿沼市）、門前地区の再生（真岡市）など、ソーシャルビジネスの動きが盛んになりつつあります。ここでは、ネコヤド大市について概要を紹介します。ネコヤド鹿沼城下に広がった屋敷町「根古屋」が、ネコヤド路地裏界隈の元々の地名です。かつては、空き家と高齢者が目立つ閑散とした裏

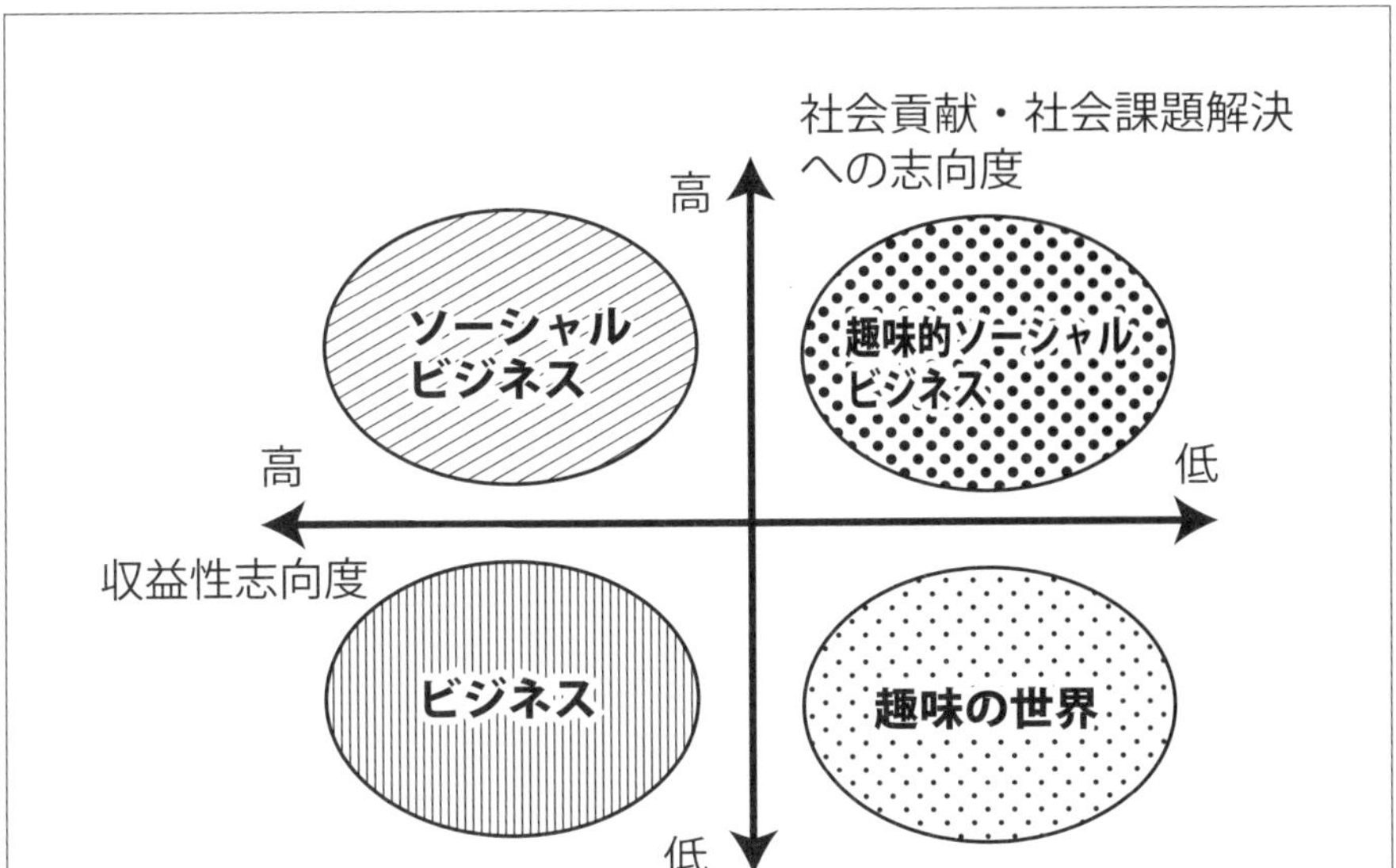

図2　ソーシャルビジネスの概念図（筆者作成）

写真３　多くの来街者で賑わうネコヤド大市（2008.4.6　筆者撮影）

寂れた住宅街でした。のんびりと猫が昼寝をする姿が見られるところから、いつしか「ネコヤド路地」と呼ばれるようになったそうです。そこに、カフェ饗茶庵が一九九九年にオープンし、新たな灯りがともりました。店舗と路地を使った月一回のネコヤド大市を二〇〇六年に開始、関東一円から多くの来街者がありました。この追い風に乗り、饗茶庵の周辺から中心街にかけて、空き店舗や空き家を活用した店舗が新たにオープンするなど、そのムーブメントは栃木県内外のまちづくりのモデルとなっています。

前述のとおり、ソーシャルビジネスとは、社会的課題をビジネスの手法によって持続的に解決を図る事業のことです。まさに、カフェから始まり、空き店舗や空き家の活用、さらには中心市街地活性化へと広がっていったソーシャルビジネスの好例と言えます。

栃木県には、このようなソーシャルビジネスの胎動が、住民協働のまちづくりにおいてどのような可能性と課題をもつのかを検証することが求められます。その上で、住民協働の観点からソーシャルビジネスを県内に定着していくため、ソーシャルビジネスコーディネーターを県内各地に派遣するなどの方策が期待されます。

〈補注〉

（1）例えば、二〇一六年七月の参議院選挙後、勝利した与党は、リニア中央新幹線の全線開業の最大八年間前倒しを『未来への投資』として掲げ、財政投融資により事業主体であるJR東海へ低利融資を行う計画です。相変わらず「ハードの基盤整備」に拘泥していることがうかがえます。

（2）二〇一〇年国勢調査結果～二〇一四年推計人口の都道府県別増減率を見ると、増加傾向にあるのは、埼玉、千葉、東京、神奈川、愛知、福岡、沖縄の七都県のみです。（資料：総務省統計局「人口推計の結果の概要」 http://www.stat.go.jp/data/jinsui/2.htm）

〈参考・引用文献〉

（1）日向市協働のまちづくり指針

（2）岩切道雄「『行政とNPOとの協働』に関する一考察」『日本大学大学院総合社会情報研究科紀要』第7号、二〇〇六年、三〇六頁

（3）松下啓一『協働が変える役所の仕事・自治の未来—市民が存分に力を発揮する社会—』萌書房、二〇一三年、六～七頁

（4）山浦晴男『住民・行政・NPOで進める最新地域再生マニュアル』朝日新聞出版、二〇一二年、一四頁

（5）杉山武志・栗本遥加・三宅康成「「ひょうご地域再生大作戦」の効果と政策的課題」『兵庫県立大学環境人間学部研究報告』第18巻、二〇一六年三月、四四頁

（6）前掲（4）、一六頁

（7）金井俊之「一億総滑落社会と三本の矢のミライ」『ガバナンス』二〇一六年七月号、ぎょうせい、八四～八五頁

（8）真野洋介「地域イニシアチブを起点とした地方創生の思考と実践への脱構築」『都市計画　320号』日本都市計画学会、二〇一八年五月、六四～六九頁

（宇都宮大学教授　陣内　雄次）

編集後記

この県政白書も第四次となりました。昨年一二月に編集委員会を発足させてから、五回の編集委員会を経ての発行となりました。この間、七月には立憲主義・憲法改正を巡る動きが大きな争点（安倍首相は争点隠しに終始しましたが）となる参議院選挙がありました。残念ながら改憲勢力といわれ議員が三分二超を占める結果となりました。こうしたこともあり、編集作業が大幅に遅れ、九月末での発刊となってしまいましたが、今回も、随想舎様のご協力をいただき「ずいそうしゃブックレット」としての出版となりました。随想舎様に感謝申し上げます。

編集員委員会で一致したのは「国（政府・中央省庁）を見、地域を見ず」という、国追随で独自施策に乏しいという栃木県政の姿でした。

特に、第二次安倍内閣の発足以来、「軍事大国化」をめざす秘密保護法や安保法制の制定、大企業の利益優先のアベノミクス、社会保障の改悪、地域の格差拡大・再編（市町村合併、道州制）につながる地方創生政策の推進など、強権的な政治を進め、地方分権どころか中央集権体制が強まっている感があります。

そうした中で、独立した章として定められた憲法第八章の地方自治の本旨に基づいて、国と県は対等であるという立場から、「地域（県民）を見、国を正す」という県政の姿勢が求められています。

真の少子化対策は格差を是正し、安心して子どもを産み育て、暮らしていける持続可能な地域をつくっていくことです。そのため、市町の連携と共同を補完・調整していく県の役割発揮が求められます。

こうした中での県政への提言の書としての本書が、持続可能な地域経済・地域づくり、そして「住民自治が輝くとちぎ」への一助となることを願っています。

〔とちぎ地域・自治研究所　第四次県政白書編集委員会〕

とちぎ地域・自治研究所の紹介

沿　革

1994年宇都宮大学の研究者、住民運動関係者、県や市町村職員、地方議員の有志などを中心に活動を開始しました。折から「本田サーキット」問題や環境問題、臨調行革問題など多方面にわたる学習会を開催しました。

その後、平成の大合併問題が起きると市町村合併についてのシンポジュームを県内各地で開催しました。また、全国組織である「自治体問題研究所」の支援のもと北関東4県の研究所･研究会と交流し、こうした活動を基礎に、2002年7月全国で25番目の地域研究所として設立しました。現在会員110名。県内の各大学の研究者、首長、議員、行政職員、弁護士、医療・福祉・教育・住民運動関係者などが会員となっています。

目的や性格

○調査・研究および学習・交流活動を通じて、地方自治の本旨に基づき住民が主人公となる民主的で住み良い栃木県を創造し、住民の豊かな暮らしの実現を図ることを目的としています。
○住民、自治体職員・議員、研究者の協同による調査・研究組織です。
○自治体問題研究所（全国研）と連携する地域研究所です。

主な事業

○調査・研究活動
・地域・自治に関わる資料やデーターの収集
・テーマ別研究グループによる調査・研究
・県民を対象にした幅広い意見交換の場の設定
○学習・交流活動
・地域、自治に関わる問題をテーマにした「とちぎ自治講座」の開催
・月刊誌「住民と自治」（自治体研究社発行）による学習と普及
・「とちぎ地域・自治フォーラム」の開催（第9回は２０１５年2月に開催）
・「自治体学校」（毎年７月下旬）や「小さくても輝く自治体フォーラム」、「地方議員研修会」等への参加
○ その他の事業
・所報の発行、書籍の紹介等

会　費

○ 個人会員（月刊誌「住民と自治」の購読を含む）	年会費		10,800円
○ 個人会員	年会費		3,000円
○ 団体会員	年会費	一口	12,000円

ホームページ　http://tochigi-jichiken.jp/index.htm

〈入会を希望する方は下記までご連絡ください〉

E-mail：support@tochigi-jichiken.jp／**FAX**：0282−83−5060

とちぎ地域・自治研究所

「とちぎ地域・自治研究所」は、自治体職員・議員や研究者、多くの住民が参加して、自治体の行政、社会・経済、医療・福祉、環境、教育・文化など地域・自治にかかわる広範な諸問題についての調査研究と学習交流を目的として2002年７月に設立しました。これまで、自治体の行財政やまちづくり・地方自治制度のあり方を考えるフォーラムや講座・講演会などの開催とともに、2004年から3次にわたり県政白書を出版してきました。

「まちの将来は住民が決める」ものです。今後も、21世紀を地方自治の時代とするために活動していきます。

ホームページ：http://tochigi-jichiken.jp　メール：support@tochigi-jichiken.jp

執筆者
秋山　　満（当研究所理事長、宇都宮大学教授）
日高　定昭（当研究所副理事長、作新学院大学名誉教授）
大木　一俊（当研究所副理事長、弁護士）
陣内　雄次（宇都宮大学教授）
野村せつ子（栃木県議会議員）
長谷川一宏（とちぎ保育連絡会事務局長、風の子保育園園長）
服部　　有（弁護士）
奥村　昌也（獣医師、那珂川町在住）
佐々木　剛（当研究所副理事長兼事務局長、社会福祉法人役員）

刊行のことば

中国で発明されたとされている木版印刷で初めて多部数の出版物が出現してから現在まで、数知れない点数の出版物が刊行されてきた。その一点一点には、「伝えたい」という出版者の熱気があり、それをむさぼり読んだ読者が必ずいたことと思う。

「ずいそうしゃブックレット」は、最初に木版印刷で出版物を出版した人たちの熱気に幾らかでも迫り、何事かを伝えたいひとを著者として、何事かを知りたいひとを読者として、両者の出会いをつくっていく場にしたいと思う。

さらに、著者と読者が柔軟に入れ替わり、著者が読者に、読者が著者になるような関係が造り得れば、出版社として今の文化状況に何かしら触れ得ているのではないかと考える。

ずいそうしゃブックレット19
住民自治が輝くとちぎに
持続可能な地域づくり　第四次県政白書
二〇一六年　九月三〇日　第一刷発行
とちぎ地域・自治研究所［編］
発行所　有限会社 随想舎
〒320-0033
栃木県宇都宮市本町10-3 TSビル
TEL 028-616-6605
FAX 028-616-6607
振 替 00360-0-36984

ISBN 978-4-88748-331-6